挑战大脑的
逻辑游戏

洪波 / 编著

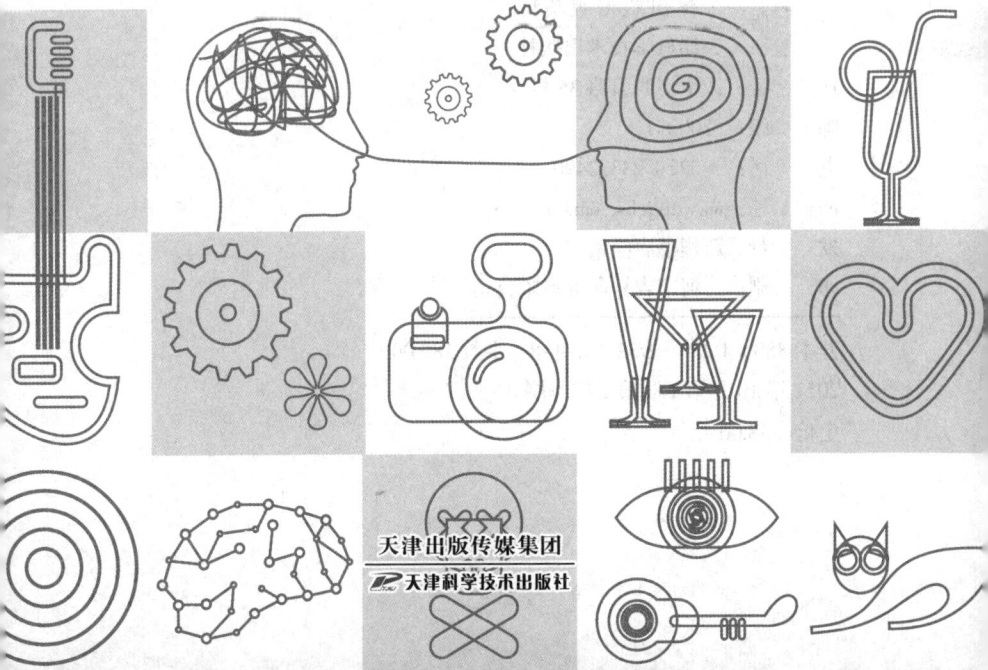

天津出版传媒集团
天津科学技术出版社

图书在版编目（CIP）数据

挑战大脑的逻辑游戏 / 洪波编著. -- 天津：天津科学技术出版社, 2021.7（2021.10 重印）

ISBN 978-7-5576-9184-4

Ⅰ.①挑… Ⅱ.①洪… Ⅲ.①智力游戏 Ⅳ.① G898.2

中国版本图书馆 CIP 数据核字（2021）第 079708 号

挑战大脑的逻辑游戏
TIAOZHAN DANAO DE LUOJI YOUXI

策 划 人：	杨 譞
责任编辑：	张 萍
责任印制：	兰 毅
出　　版：	天津出版传媒集团 天津科学技术出版社
地　　址：	天津市西康路 35 号
邮　　编：	300051
电　　话：	（022）23332490
网　　址：	www.tjkjcbs.com.cn
发　　行：	新华书店经销
印　　刷：	三河市吉祥印务有限公司

开本 880×1 230　1/32　印张 8　字数 180 000
2021 年 10 月第 1 版第 2 次印刷
定价：38.00 元

15. 看一看【中级】...007

16. 一刀两断【中级】...008

17. 残缺的纸杯【中级】...008

18. 在海滩上【中级】...008

19. 工作服【中级】...009

20. 夏日嘉年华【中级】...010

21. 吹笛手游行【中级】...010

22. 顶峰地区【中级】...011

23. 出师不利【中级】...012

24. 汤姆的舅舅【中级】...013

25. 小屋的盒子【中级】...013

26. 换装【中级】...014

27. 记者艾弗【中级】...015

28. 野鸭子【中级】...015

29. 破纪录者【中级】...017

30. 请集中注意力【中级】...017

31. 势单力薄的警察们【中级】...018

32. 抓巫将军【中级】...019

33. 英格兰的旗舰【中级】...020

34. 在沙坑里【中级】...021

35. 小宝贝找妈妈【中级】...022

36. 演艺人员【高级】...023

37. 狮子座的人【高级】...024

目录

第一章 排除法

1. 困惑【初级】...002
2. 找出异己【初级】...002
3. 破损的金字塔【初级】...002
4. 找袜子【初级】...003
5. 波娣娅的宝盒【初级】...003
6. 哪一个不一样【初级】...004
7. 三棱柱【初级】...004
8. 形单影只【初级】...004
9. 移民【初级】...004
10. 规律【初级】...005
11. 分开链条【初级】...005
12. 翻身【中级】...006
13. 帽子的颜色【中级】...006
14. 美丽的正方体【中级】...007

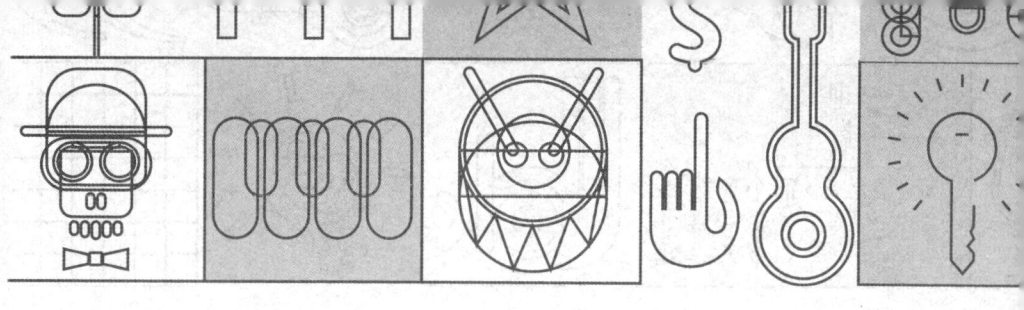

方法的应用。

编者还根据难易程度将题目分为初级、中级和高级三个等级，读者可以根据自己的实际情况逐步训练，也可以有选择地学习和训练，从而激发推理潜能、扩展想象空间、活跃思维，掌握正确的逻辑思维方法，提升逻辑思维能力。

无论是孩子、大人，还是学生、上班族、求职者、管理层，甚至是高智商的天才，都能从中找到适合自己的题目。通过完成这些训练题，你会发现自己的逻辑思维潜能得到了全面的开发，无论在学习、生活、求职、工作中遭遇什么样的问题，你都不会再感到无从下手，而是能够运用从本书中学到的各种逻辑思维方法，通过思维的灵活转换，顺利迈向成功。

前言
PREFACE

逻辑思维能力是指采用科学的思维方法,对事物进行观察、比较、分析、综合、抽象、概括、判断、推理,从而准确而有条理地表达自己思维过程的能力。逻辑是所有学科的基础。逻辑能力不但决定了思考能力、学习能力、管理能力、表达能力,还与我们日常生活中的行事、说话、交往等密切相关,它对我们理清思路、完善语言表达、统筹时间、规划人生等都有很大帮助,是每个人都必须具备的基本能力。

那么,该如何使大脑"动起来",轻松提高逻辑能力呢?

本书介绍了排除法、递推法、作图法、计算法、类比法、分析法、综合法、推理法等8种常用的解题方法,并精选200多道世界顶级的逻辑思维训练题,既有简单的谜题,也有复杂的游戏,每一道题都是为全方位培养和训练读者的逻辑思维能力专门设计的,引导读者亲身实践这些

38. 黑猩猩【高级】...024

39. 找出皇后【高级】...025

40. 摇滚乐队【高级】...026

41. 国际象棋【高级】...028

答　案 ...029

第二章　递推法

1. 图形组合【初级】...048

2. 图形四等分【初级】...048

3. 哪个不相关【初级】...048

4. 图形识别【初级】...049

5. 填数字【初级】...049

6. 黑色还是白色【初级】...049

7. 黑点方格【初级】...050

8. 图形转换【初级】...050

9. 缺少的时针【初级】...051

10. 类同变化【初级】...051

11. 回忆填图【初级】...051

12. 补充图案【初级】...052

13. 规律推图【初级】...052

14. 图形选择【初级】...052

15. 有趣的脸谱【中级】...053

16. 查缺补漏【中级】...053

17. 数字代码【中级】...053

18. 添上一条线【中级】...054

19. 推测符号【中级】...054

20. 中国盒【中级】...054

21. 数字巧妙推【中级】...055

22. 数字矩阵【中级】...055

23. 补充表格【中级】...056

24. 跳棋【中级】...056

25. ABC（1）【中级】...057

26. 战舰（1）【中级】...057

27. 战舰（2）【中级】...058

28. ABC（2）【中级】...058

答　案 ...059

第三章　作图法

1. 老鼠迪克【初级】...064

2. 男生还是女生【初级】...064

3. 谁先到达【初级】...065

4. 几个正方形【初级】...065

5. 双胞离体【初级】...065

6. 不向左转【初级】...065

7. 只剩一点【初级】...066

8. 视图【初级】...066

9. 条条大道通罗马【初级】...067

10. 飞船【初级】...067

11. 未来时光【中级】...068

12. 面积有多大【中级】...068

13. 考试的结果【中级】...068

14. 人鬼同渡【中级】...069

15. 各走各门【中级】...069

16. 兔子难题【中级】...070

17. 拼汉字【中级】...070

18. 学生会委员【中级】...070

19. 保守的丈夫【中级】...071

20. 放不下的榻榻米【中级】...071

21. 移动汽车【中级】...072

22. 戒指放盒里【中级】...072

23. 聪明的家丁【中级】...073

24. 变大的正方形【中级】...073

25. 十字变方【中级】...074

26. 巧做十字标【中级】...074

27. 设计桌面【中级】...074

28. 神奇的风筝【中级】...075

29. 谁点了牛排【高级】...075

答　案 ...076

第四章　计算法

1. 巧妙连线【初级】...084

2. 数字和密码【初级】...084

3. 书蛀虫【初级】...085

4. 几何（1）【初级】...085

5. 细长玻璃杯【初级】...086

6. 自行车【初级】...086

7. 钱包【初级】...087

8. 卖车【初级】...087

9. 加法【初级】...088

10. 机器人【初级】...088

11. 五行打油诗【初级】...089

12. 破解密码算式【中级】...090

13. 剩余的页数【中级】...090

14. 计算闯关【中级】...090

15. 链子【中级】...091

16. 动物【中级】...091

17. 保险箱【中级】...092

18. 数字【中级】...092

19. 长角的蜥蜴【中级】...093

20. 车厢【中级】...093

21. 开商店【中级】...094

22. 铁圈枪【中级】...094

23. 灵长类动物【中级】...095

24. 面粉【中级】...095

25. 排列数字【中级】...096

26. 幻方游戏【中级】...097

27. 轮船【中级】...097

28. 圆圈【中级】...098

29. 台球【中级】...098

30. 天文【中级】...099

31. 数学题【中级】...099

32. 英雄【中级】...100

33. 神秘的正方形【中级】...100

34. 几何（2）【中级】...101

答　案...102

第五章　类比法

1. 真的没有时间吗【初级】...110

2. 文字推数【初级】...110

3. 碑铭【初级】...111

4. 单词【初级】...111

5. 长袜【初级】…112

6. 一样的小马【初级】…112

7. 成才与独生【中级】…113

8. 最适合【初级】…113

9. 假设【中级】…113

10. 哪里人【中级】…114

11. 判断正误【中级】…114

12. 挽救熊猫的方法【中级】…115

13. 犯罪嫌疑人【中级】…115

14. 百米冠军【中级】…116

15. 堆积（1）【中级】…116

16. 堆积（2）【中级】…117

17. 堆积（3）【中级】…118

18. 堆积（4）【中级】…119

19. 堆积（5）【中级】…120

20. 堆积（6）【中级】…121

21. 巨型鱼【中级】…122

22. 小丑【中级】…122

23. 玩具【中级】…123

24. 女巫【中级】…124

25. 手表【中级】…124

26. 考古【中级】…125

27. 猜纸牌【中级】…126

28. 朗姆酒【中级】…126

29. 埋伏地点【中级】…127

30. 市议员【中级】…128

31. 最重的西瓜【高级】…128

32. 正确答案【高级】…129

33. 英语过级【高级】…129

34. 背后的圆牌【高级】…130

35. 3 000 米决赛【高级】…130

36. 黑白筹码【高级】…131

答　案…132

第六章　分析法

1. 标签怎样用【初级】…138

2. 远近【初级】…138

3. 图形变身【初级】…139

4. 理发【初级】…139

5. 只动一点点【初级】…139

6. 机车【初级】…140

7. 洗车工【初级】…140

8. 在购物中心工作【初级】…141

9. 不同颜色的马【初级】…142

10. 长长的工龄【初级】…142

11. 魔方【中级】...143

12. 聪明的匪徒【中级】...143

13. 渡河【中级】...144

14. 多点相连【中级】...144

15. 图形数字【中级】...145

16. 三只桶的称量【中级】...145

17. 两数之差【中级】...146

18. 寄出的信件【中级】...146

19. 柜台交易【中级】...147

20. 春天到了【中级】...147

21. 赛马【中级】...148

22. 往返旅途【中级】...149

23. 扮演马恩的4个演员【中级】...150

24. 五月皇后【中级】...151

25. 年轻人出行【中级】...152

26. 航海【中级】...153

27. 交叉目的【中级】...153

28. 可爱的熊【中级】...154

29. 囚室【中级】...155

30. 下一个出场者【中级】...156

31. 戒指女人【中级】...157

32. 多面体环【中级】...158

33. 小猪储蓄罐【中级】...159

34. 桥牌花色【中级】...160

35. 别尔的行程【中级】...160

36. 牛奶送错了【中级】...161

37. 巫婆和猫【中级】...162

38. 倒酒【高级】...163

39. 裂缝【高级】...164

40. 安全脱险【高级】...164

41. 特别的碑文【高级】...164

42. 切割菱形【高级】...165

43. 拼剪三角【高级】...165

答　案 ...166

第七章　综合法

1. 瓶塞【初级】...188

2. 狂欢大转盘【初级】...189

3. 瓶子【初级】...189

4. 置换【初级】...190

5. 惩罚【初级】...190

6. 蜂箱【初级】...191

7. 牌点【初级】...191

8. 铁匠【初级】...192

9. 热狗【初级】...192

10. 玻璃杯【初级】...193

11. 标志牌【中级】...193

12. 香水瓶【中级】...194

13. 调换【中级】...194

14. 可可豆盒【中级】...194

15. 骰子【中级】...195

16. 扑克牌点【中级】...196

17. 蜘蛛【中级】...196

18. 大学男生【中级】...196

19. 城堡【中级】...197

20. 滑行路线【中级】...198

21. 禁酒时期【中级】...198

22. 第一【中级】...199

23. 打赌【中级】...199

24. 幻方【中级】...200

25. 书【中级】...200

26. 圣诞老人【中级】...201

27. 手表【中级】...202

28. 蚂蚁回家【高级】...202

29. 五碗巧搬【高级】...202

30. 聪明搬动【高级】...203

31. 蜂窝【高级】...203

32. 死里逃生【高级】...204

33. 七角星【高级】...204

答　案...205

第八章　推理法

1. 抢钱的破绽【初级】...214

2. 足球的破绽【初级】...214

3. 血型辨凶手【初级】...215

4. 谎言的破绽【初级】...215

5. 他绝不是自杀【初级】...216

6. 受过伤的死者【初级】...216

7. 失窃的海洛因【初级】...216

8. 是银圆还是红枣【初级】...217

9. 沙漠归来【初级】...217

10. 智擒盗贼【初级】...218

11. 巧搬巨石【初级】...218

12. 永不消失的字【初级】...219

13. 狡诈的走私犯【中级】...219

14. 识破伪证【中级】...220

15. 巨款仍在【中级】...220

16. 福尔摩斯【中级】...221

17. 最有可能的贼【中级】...222

18. 吞蛋送命【中级】...222

19. 悬赏启事【中级】...222

20. 名画失窃【中级】...223

21. 遗嘱【中级】...224

22. 谁是盗贼【中级】...224

23. 抢劫【中级】...225

24. 棋子【中级】...226

25. 形状【中级】...226

26. 生日【中级】...227

27. 关系【中级】...227

28. 阿基米德的胜利【中级】...228

29. 轮子【高级】...228

30. 抓强盗【高级】...229

31. 寻找凶器【高级】...229

答　案...230

第一章
排除法

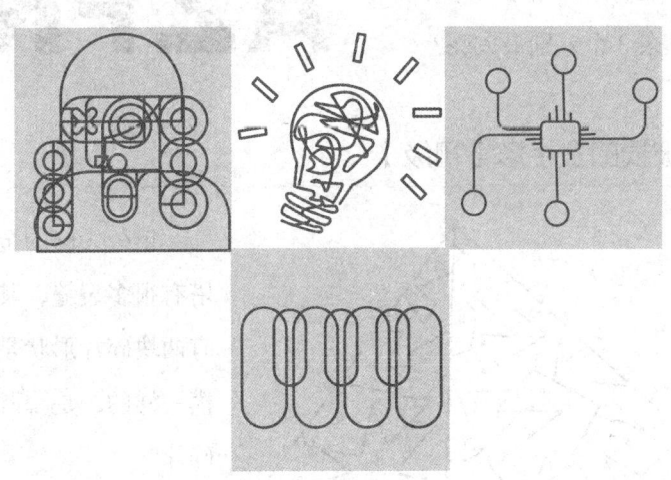

1. 困惑【初级】

哪一项不是箱子相同 3 个面的视图？

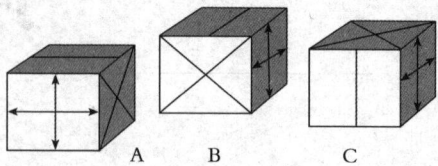

2. 找出异己【初级】

在右边 4 个字母中，哪个与其余 3 个差别最大呢？

AZFN

3. 破损的金字塔【初级】

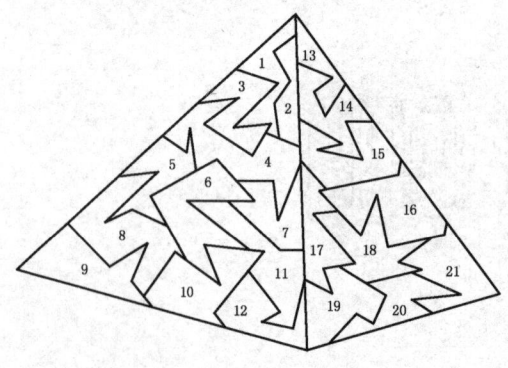

年久失修的金字塔有很多裂缝，其中有两块碎片形状是一模一样的，是哪两块碎片？

4. 找袜子【初级】

图中7只袜子随便地摆放着,请你仔细地观察一下,放在最下面的是几号袜子呢?

5. 波娣娅的宝盒【初级】

在莎士比亚的《威尼斯商人》一剧中,波娣娅有3个珠宝盒,一个是金的,一个是银的,一个是铜的。在其中一个盒子中,藏有波娣娅的画像。波娣娅的追求者要在这3个盒子中选择一个。如果他有足够的运气,或者足够的智慧,挑出的那个盒子藏有波娣娅的画像,他就能娶波娣娅为妻子。如下图所示,在每个盒子外面,写有一段话,内容都是有关本盒子是否装有画像。

波娣娅告诉追求者,在3句话中,最多只有一句是真的。这个追求者有可能成为幸运者吗?他应该选择哪个盒子呢?

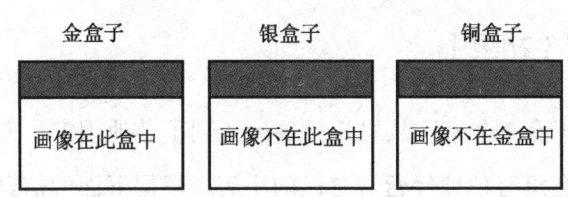

6. 哪一个不一样【初级】

下面几个图片中,哪一个与其他的不一样?

7. 三棱柱【初级】

4个选项中哪一个是原图的展开图?

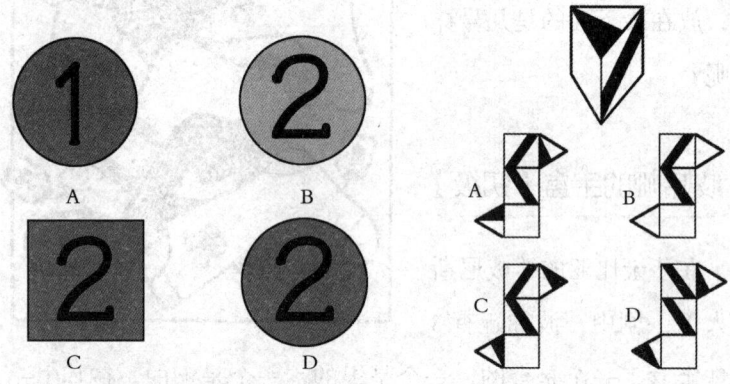

8. 形单影只【初级】

下面的图形中哪一个是与众不同的?

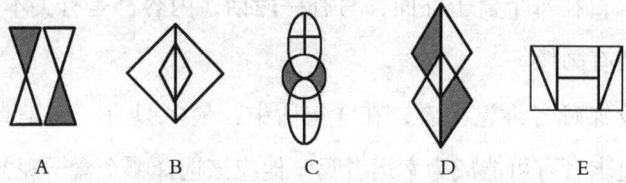

9. 移民【初级】

去年有3个家庭从思托贝瑞远迁到了其他国家,现在他们在那里有声有色地经营着自己的小店。根据下面的信息,你能说出每对夫妻有几个孩子、他们移民到了哪里以及所做的是何种生意吗?

	1个	2个	3个	澳大利亚	加拿大	新西兰	鱼片店	农场	旅馆
布里格夫妇									
希金夫妇									
基德拜夫妇									
鱼片店									
农场									
旅馆									
澳大利亚									
加拿大									
新西兰									

1. 有 3 个孩子的家庭移民到了澳大利亚,他们没有在那里开旅馆。

2. 移民到新西兰的布里格一家开的不是鱼片店。

3. 开鱼片店那家的孩子比希金夫妇的孩子少。

4. 基德拜夫妇有 2 个孩子,他们每人照看 1 个。

10. 规律【初级】

下图中哪一项不符合排列规律?

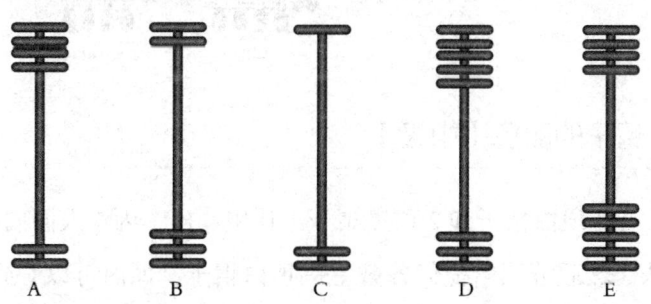

11. 分开链条【初级】

在收拾一盒链子时,珠宝匠发现了如图所示的 3 根相连的链条,并决定把这链条分开。经过观察,珠宝匠找到了只需打开1根链子就能分开整个链条的方法。你找出来了吗?

12. 翻身【中级】

请你把下边的火柴图按箭头所指的方向翻一个身,它会变成选项中哪一个?

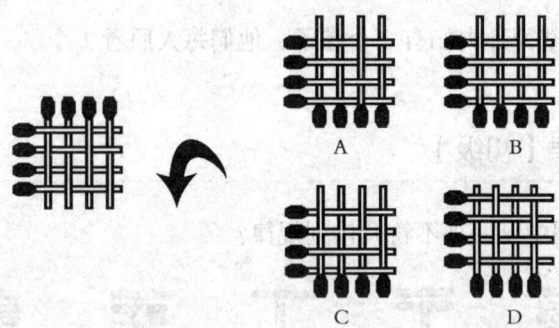

13. 帽子的颜色【中级】

有3顶白帽子和2顶黑帽子。让甲、乙、丙3人同向列成一队,然后分别给他们各戴上一顶白帽子。即丙可以看到乙、甲,乙可以看到甲,甲则看不到乙、丙。如下图。他们3人中,谁可以正确推导出自己头上所戴帽子的颜色?

14. 美丽的正方体【中级】

有一个正方体的每一个面都有美丽的图案装饰着，下图是这个正方体拆开后的各面的图案构成。那么在下面的几个选项中，哪一个不是这个正方体的立体面？

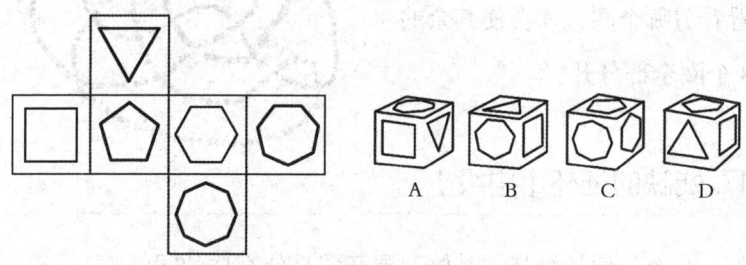

15. 看一看【中级】

一个正四面体是由4个等边三角形组成的立体图形，有点像金字塔。每一个面都可以被涂上与其他面不同的颜色，在5个选项中，有4项是同一四面体从不同顶点的俯视图，一项不是。你能找出是哪一项吗？

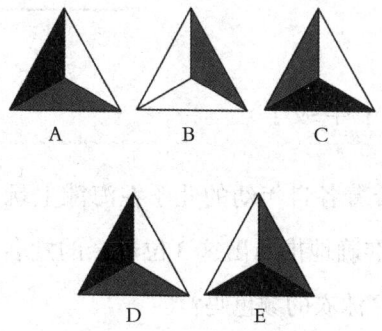

16. 一刀两断【中级】

右图的图中有 4 个圈，把其中的 1 个圈剪开，其余的 3 个圈就会全部分开，想一下，看看剪哪个圈，才会使其余的 3 个圈全部分开。

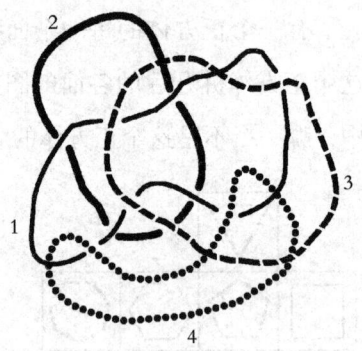

17. 残缺的纸杯【中级】

一个斜切的纸杯，其侧面展开图是什么样的呢？

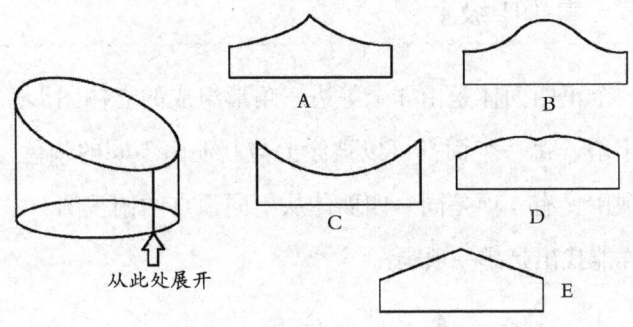

18. 在海滩上【中级】

3 位母亲带着各自年幼的儿子在海滩上玩，从以下所给的线索中，你能准确地推断出这 3 位母亲的姓名、她们儿子的名字以及孩子所穿泳衣的颜色吗？

1. 丹尼斯不是蒂米的妈妈，蒂米穿红色泳衣。

2. 莎·卡索在海滩上玩得相当愉快。

3. 曼迪的儿子穿绿色泳衣。

4. 那个姓响的小男孩穿着橙色泳衣。

19. 工作服【中级】

3 位在高街区不同商店工作的女店员都需要穿工作服上班。从以下所给的线索中，你能推断出每个店员所在的商店名称、商店的类型以及她们工作服的颜色吗？

1. 艾米·贝尔在半岛商店工作，它不是一家面包店。

2. 埃德娜·福克斯每天都穿黄色的工作服上班。

3. 斯蒂德商店的女店员都穿蓝色的工作服。

4. 科拉·迪在一家药店工作。

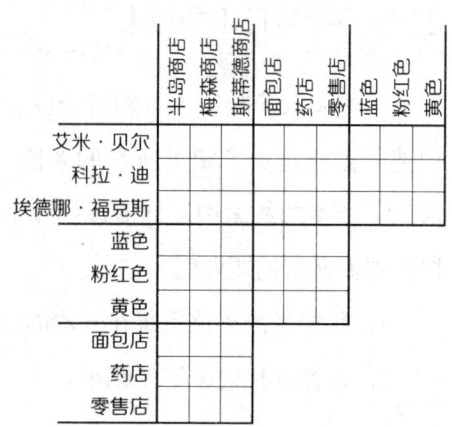

20. 夏日嘉年华【中级】

3位自豪的母亲带着各自的小孩去参加夏日嘉年华服装比赛，并且赢得了前3名的好成绩。从以下所给的线索中，你能将这3位母亲和她们各自的孩子配对，并描述出每个小孩的服装以及他们的名次吗？

	埃莉诺	杰克	尼古拉	机器人	垃圾桶	蘑菇	第一名	第二名	第三名
丹妮尔									
梅勒妮									
谢莉									
第一名									
第二名									
第三名									
机器人									
垃圾桶									
蘑菇									

1. 穿成垃圾桶装束的小孩排名紧跟在丹妮尔的孩子的后面。
2. 杰克的服装获得了第三名。
3. 埃莉诺的服装像一个蘑菇。
4. 梅勒妮是尼古拉的母亲，尼古拉不是第二名。

21. 吹笛手游行【中级】

图中展示了吹笛手带领着哈密林镇的小孩游行，原因是他用他的笛声赶走了镇里所有的老鼠，但镇里却拒绝付钱给他。从以下所给的线索中，你能说出4个小孩的名字、他们的年龄以及他们父亲的职业吗？

1. 牧羊者的小孩紧跟在6岁的格雷琴的后面。
2. 汉斯要比约翰纳年纪小。

3. 最前面的小孩后面紧跟的不是屠夫的孩子。

4. 队列中 3 号位置的小孩今年 7 岁。

5. 玛丽亚的父亲是药剂师,她要比 2 号位置的孩子年纪小。

姓名:格雷琴,汉斯,约翰纳,玛丽亚
年龄:5,6,7,8
父亲:药剂师,屠夫,牧羊者,伐木工

22. 顶峰地区【中级】

在安第斯山脉的某个人迹罕至之地,那里的 4 座高峰都被当地居民当作神来崇拜。从以下所给的线索中,你能说出 4 座山峰的名字以及它们之前被当作哪个神来崇拜吗?最后将 4 座山峰按高度排序。

1. 最高那座山峰是座火山,曾经被当作火神崇拜。

2. 格美特被当作庄稼之神崇拜,是 4 座山峰中最矮那座的顺时针方向上的下一座。

3. 山峰 1 被当作森林之神崇拜。

4. 最西面的山峰叫飞弗特尔,而普立特佩尔不是第

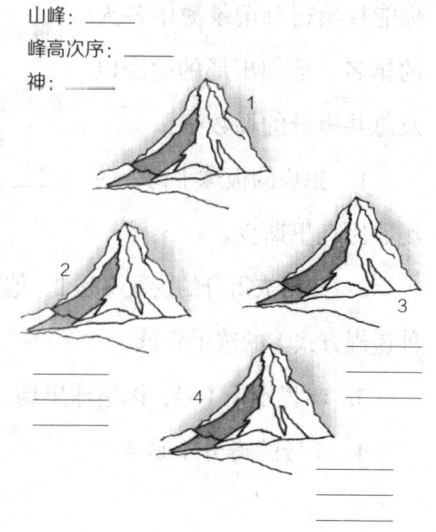

山峰:____
峰高次序:____
神:____

二高的山峰。

5. 最东面那座是第三高的山峰。

6. 辛格凯特比被崇拜为河神的山峰更靠北一些。

山峰：飞弗特尔，格美特，普立特佩尔，辛格凯特
峰高次序：最高，第二，第三，第四
神：庄稼之神，火神，森林之神，河神

23. 出师不利【中级】

在最近的乡村板球比赛中，头3号种子选手都发挥得不甚理想，都因某个问题出局。从以下所给的线索中，你能找出得分记录簿中各人的排名、他们出局的原因以及总共得分的场数吗？

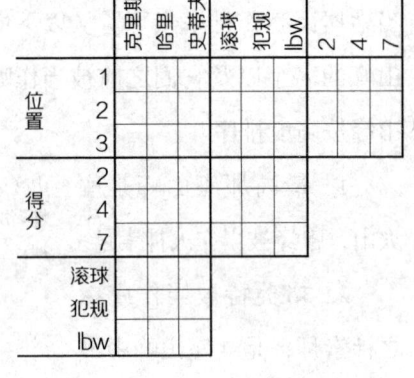

1. 犯规的板球手得分的场数比克里斯少。

2. 史蒂夫得分的场数不是2，他得分要比被判lbw（板球的一种违规方式）的选手要低。

3. 哈里不是1号，因滚球出场，他的得分不是7。

4. 3号的得分不是4。

24. 汤姆的舅舅【中级】

汤姆是思道布市的市长，他在镇上有3个舅舅，3人在退休之前从事着不同的职业，退休之后都把时间花在各自的爱好上。从以下所给的线索中，你能说出每个舅舅出生的时间、他们曾经的职业以及各自的爱好吗？

1. 伯纳德要比他有不寻常爱好——制作挂毯——的兄弟年纪大。

2. 退休之前从事教师职业的舅舅不是出生于1913年，也不爱好诗歌。

3. 以前是工程师的舅舅把大部分的时间花在钓鱼、阅读和书写钓鱼书籍上，他的年纪要比安布罗斯小。

	1910年	1913年	1916年	工程师	士兵	教师	诗歌	钓鱼	制作挂毯
安布罗斯									
伯纳德									
克莱门特									
诗歌									
钓鱼									
制作挂毯									
工程师									
士兵									
教师									

25. 小屋的盒子【中级】

每次乔做家务要用到东西的时候，他就会去盒子里找。图中架子上立着4个不同颜色的盒子，每个盒子里都是一些有用的东西。从以下所给的线索中，你能弄清有关盒子的所有详细细节吗？

1. 不同种类的43个钉子不在灰色的盒子里。

2. 蓝色的盒子里有 58 样东西。

3. 螺丝钉在绿色的盒子里，绿色盒子一边的盒子里有洗涤器，另一边的盒子里放着数目最多的东西。

4. 地毯缝针在 C 盒子里。

盒子颜色：蓝，灰，绿，红
东西数目：39，43，58，65
东西条目：地毯缝针，钉子，螺丝钉，洗涤器

盒子颜色：____ ____ ____ ____
东西数目：____ ____ ____ ____
东西条目：____ ____ ____ ____

26. 换装【中级】

在过去，有素养的女士不像现在这样能在海边游泳，她们只能穿着及膝的浴袍坐在沐浴用的机器上，让机器把她们缓缓降入水中。上图展示的是 4 台机器，从所给的线索中，你能说出使用机器的 4 位女士的名字以及她们所穿浴袍的颜色吗？

1. 贝莎的机器紧挨马歇班克斯小姐的机器。

2. C 机器是兰顿斯罗朴小姐的。

3. 卡斯太尔小姐穿着绿白相间的浴袍。

4. 拉福尼亚的机器位于尤菲米娅·坡斯拜尔的机器和穿黄白相间浴袍小姐的机器之间。

5. 使用 B 机器的女士穿了红白相间的浴袍。

名：贝莎，尤菲米娅，拉福尼亚，维多利亚
姓：卡斯太尔，兰顿斯罗朴，马歇班克斯，坡斯拜尔
浴袍：蓝白相间，绿白相间，黄白相间，红白相间

27. 记者艾弗【中级】

上周末，记者艾弗对3位国际著名女性进行了采访。根据下面的信息，你能找出每天他所采访的女性的名字、职业和家乡吗？

1. 艾弗在采访加拿大女星的第二天又采访了帕特丝·欧文。

2. 艾弗在星期五采访了一名流行歌手。

3. 艾弗在采访了一位澳大利亚的客人之后采访了畅销小说家阿比·布鲁克。

	阿比·布鲁克	利亚·凯尔	帕特丝·欧文	电影演员	小说家	流行歌手	澳大利亚	加拿大	美国
星期五									
星期六									
星期日									
澳大利亚									
加拿大									
美国									
电影演员									
小说家									
流行歌手									

4. 艾弗在星期天访问的不是女电影演员。

28. 野鸭子【中级】

在池塘的周围有4栋别墅，每栋别墅的花园都是一只母鸭子和它的一群小鸭子的领地。根据下面的线索，你能说出图中每个别墅的名字、别墅主人给母鸭子取的名字以及每只母鸭子

生了多少只小鸭子吗？

1. 戴西生了7只小鸭子，它把巢筑在与洁丝敏别墅顺时针相邻的那栋别墅里。

2. 沃德拜别墅在池塘的西面。

3. 迪力生的小鸭子比在罗斯别墅孵养的小鸭子少一只，而后者在逆时针方向上和前者所在的别墅相邻。

4. 多勒生的小鸭子数量最少。

5. 达芙妮所在的别墅和小鸭子数最少的那栋别墅沿逆时针方向是邻居。

别墅：洁丝敏别墅，来乐克别墅，罗斯别墅，沃德拜别墅
鸭子：戴西，达芙妮，迪力，多勒
小鸭子数量：5，6，7，8

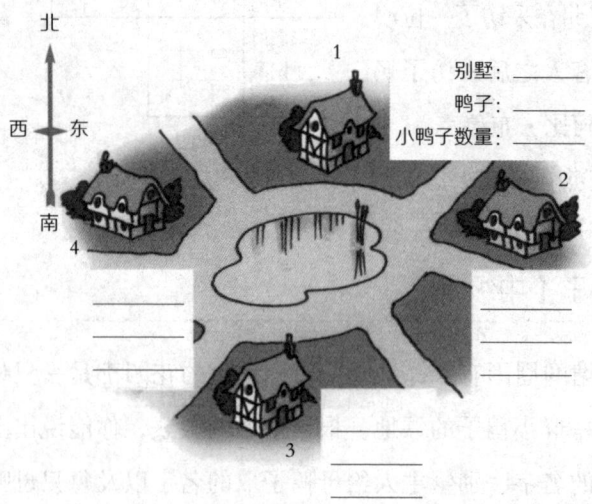

29. 破纪录者【中级】

新闻照片上是 4 名年轻的女运动员，她们在最近的国家青年运动锦标赛中打破了各自参赛项目的纪录。根  据下面的信息，你能认出图片中的 4 个女孩，并说出她们各自打破了什么项目的纪录吗？

1. 凯瑞旁边的两个女孩都打破了跑步类项目的纪录。
2. 戴尔芬·赫尔站在标枪运动员旁边。
3. 洛伊斯不在 2 号位置。
4. 1 号位置的女孩打破了跳远项目的纪录，她不姓福特。
5. 一名姓哈蒂的运动员打破了 400 米项目的纪录，但她不叫瓦内萨。

名：戴尔芬，凯瑞，洛伊斯，瓦内萨
姓：福特，赫尔，哈蒂，斯琼
比赛项目：100 米，400 米，标枪，跳远

30. 请集中注意力【中级】

乡长老斯布瑞格正在指派任务，4 个老朋友看上去都很认真。根据下面的信息，你能认出 1~4 号位置的每个人，说出他们想做的事以及每个人穿的衣服是什么面料的吗？

1. 一个人穿着狼皮上衣,艾格挨着他并在他的右边。

2. 埃格正在想怎样面对他自己的岳母耐格,本身他的妻子就很能言善辩。

3. 穿着山羊皮上衣的人在3号位置。

4. 奥格穿着小牛皮上衣,他不打算靠粉刷他的窑洞的墙壁打发时间。

5. 穿着绵羊皮外套的那个人打算在假日里把他的小圆舟上的漏洞修补一下,坐在他左边的是阿格。

集会成员:艾格,埃格,奥格,阿格
想做的事:钓鱼,修小圆舟,粉刷窑洞的墙壁,拜访岳母
上衣:小牛皮,山羊皮,绵羊皮,狼皮

31. 势单力薄的警察们【中级】

4个警察在执行一项阻止示威游行的任务,他们试图用警戒线隔离人群。在行动后期每个人的身体都受到了伤害,那种折磨让他们难以忍受。根据下面的信息,你能分辨出1~4号警官并说出他们所受到的伤害吗?

1. 时刻紧绷着神经使2号警官的肩膀都麻木了,这让他感觉很不舒服。

2. 内卫尔的鼻子痒得厉害,但他不能去抓,因为卡弗的左手紧紧抓着他的右手。

3. 图片上这群势单力薄的警察中,布特比亚瑟更靠左边,艾尔莫特站在格瑞的右面,中间隔了一个位置。

4. 斯图尔特·杜琼和有鸡眼的警官之间隔了一个人。

名:亚瑟,格瑞,内卫尔,斯图尔特
姓:布特,卡弗,艾尔莫特,杜琼
问题:鸡眼,肩膀麻木,发痒的鼻子,肿胀的脚

32. 抓巫将军【中级】

在17世纪中期,"抓巫将军"马太·霍普金斯主要负责杀死那些被人们认为是巫婆或者巫师的人,其中有3个巫婆来自思托贝瑞附近的乡村。根据下面的信息,你能说出每个巫婆的名字、绰号以及各自的家

		"诺格斯奶奶"	"蓝鼻子母亲"	"红母鸡"	盖蒙罕姆	希尔塞德	里球格特	1647年	1648年	1649年
	艾丽丝·诺格斯									
	克莱拉·皮奇									
	伊迪丝·鲁乔									
	1647年									
	1648年									
	1649年									
家乡	盖蒙罕姆									
	希尔塞德									
	里球格特									

乡和获得法力的时间吗？

1. 艾丽丝·诺格斯被称为"诺格斯奶奶"是很自然的事情。

2. 马太·霍普金斯 1647 年在盖蒙罕姆抓到了一个女巫并把她送到了法院接受审判。

3. "蓝鼻子母亲"不是在 1648 年被确定为女巫，也不是来自里球格特乡村，一生居住在这个乡村的也不是克莱拉·皮奇。

4. 1649 年，经"抓巫将军"证实，"红母鸡"是一个和魔鬼勾结在一起的女巫；从希尔塞德抓到的那名妇女被证实是女巫，随后的第二年伊迪丝·鲁乔也被确认为女巫。

33. 英格兰的旗舰【中级】

1805 年 10 月 21 日，罗德·纳尔逊在战役中不幸受伤，他在特拉法尔战役中战胜了法国舰队。他的旗舰的名字由 16 个字母组成。根据下面的信息，你能在每个小方框中填出正确的字母吗？

1. 任何两个水平、垂直或对角线方向上的相邻字母都不同。

2. V 在 R 下面的第二个方框内，并在 C 的左边第二个方框内。

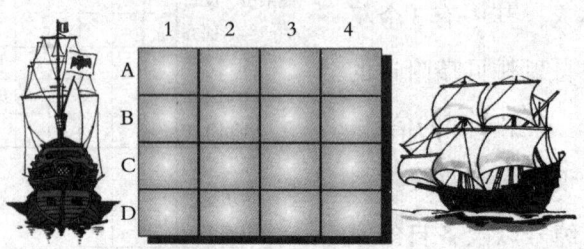

3. L 不在 A2 位置，也不在最后一行。

4. 其中一个 A 在 D3 位置上，但没有一个 R 在 D4 位置上。

5. A4 和 C2 中的字母相同，紧邻它们下面的方框内的字母都是元音字母。

6. G 在 I 所在行的上面一行。

7. O 就在 T 上面的那个位置，在 Y 下面一行的某个位置，而 Y 在与 O 不同的一列的顶端。

要填的 16 个字母：A，A，A，C，F，G，I，L，O，R，R，R，T，T，V，Y

34. 在沙坑里【中级】

在操场的一个角落里有一个沙坑，4 位母亲站在沙坑的四周（A，B，C，D），看着自己的孩子在沙坑里（1，2，3，4）玩耍。根据下面的信息，你能分别说出这 8 个人的名字，并给他们配对吗？

1. 站在 C 位置上的不是汉纳，她的儿子站在顺时针方向上爱德华的旁边。

2. 卡纳在 4 号位置上，而他的母亲不在 B 位置。

3. 詹妮的孩子在 3 号位置。

4. 丹尼尔是莎拉的儿子，他在逆时针方向上的雷切尔儿子的旁边，而雷切尔站在 D 位置。

5. 没有一个孩子在沙堆里的位置与各自母亲的位置相对应。

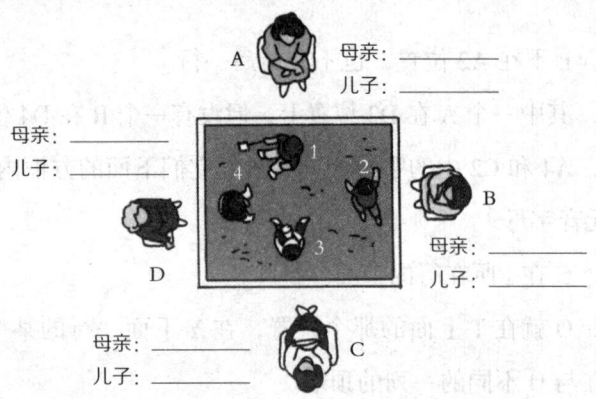

母亲：汉纳，詹妮，雷切尔，莎拉
儿子：卡纳，丹尼尔，爱德华，马库斯

35. 小宝贝找妈妈【中级】

根据题目所给条件，你能否判断出宝贝与妈妈的对应关系？

36. 演艺人员【高级】

阳光灿烂的夏日，4位演艺者在大街上展现他们的才艺。从以下所给的线索中，你能判断出在1～4号位置中的演艺者的名字以及他们的职业吗？

1. 沿着大道往东走，在遇到弹着吉他唱歌的人之前你一定先遇到哈利，并且这两个人不在街道的同一边。
2. 泰萨不是1号位置的演艺者，他不姓克罗葳。莎拉·帕吉不是吉他手。
3. 变戏法者在街道中处于偶数的位置。
4. 西帕罗在街边艺术家的西南面。
5. 在2号位置的内森不弹吉他。

名：哈利，内森，莎拉，泰萨
姓：克罗葳，帕吉，罗宾斯，西帕罗
职业：手风琴师，吉他手，变戏法者，街边艺术家

37. 狮子座的人【高级】

我们知道有 8 个人都是狮子座的。从以下所给的线索中,你能找出各日期出生的人的全名吗?

1. 查尔斯的生日要比菲什晚 3 天。

2. 某女性的生日是 8 月 4 日。

3. 安格斯的生日在布尔之后一天,但不是 7 月 31 日。

4. 内奥米的生日要比斯盖尔斯早一天,比阿彻晚一天,阿彻是男的,但 3 人都不是出生在同一年。

5. 安妮在每年的 8 月 2 日庆祝她的生日。

日期	名	姓
7月28日		
7月29日		
7月30日		
7月31日		
8月1日		
8月2日		
8月3日		
8月4日		

6. 克雷布是 8 月 1 日生的,但拉姆不是 7 月 30 日生的。

7. 斯图尔特·沃特斯的生日和波利不是同一月,波利的生日在巴兹尔之后一天,而巴兹尔的生日是个偶数日。

名:安格斯(男),安妮(女),巴兹尔(女),查尔斯(男),内奥米(女),波利(女),斯图尔特(男),威尔玛(女)

姓:阿彻,布尔,克雷布,菲什,基德,拉姆,斯盖尔斯,沃特斯

38. 黑猩猩【高级】

在西非举行的一次动物学会议上,专家们正在就一项饲养

稀有黑猩猩的计划进行讨论，下图展示了去年下半年出生的 5 只小猩猩。根据下面的线索，你能填出每只小猩猩的名字、出生月份及其母亲的名字吗？

1. 1 号黑猩猩比 5 号黑猩猩至少大 1 个月，它们两个都不叫罗莫娜，也都不是格雷特的后代，而格雷特的后代和罗莫娜都不是在 7 月出生。

2. 里欧比它右边的格洛里亚小，它们两个都比里欧左边的雌猩猩晚出生，这个雌猩猩的母亲叫克拉雷。

3. 贝拉比左边的黑猩猩晚出生 1 个月，这只黑猩猩的母亲叫爱瑞克。

4. 马琳比丽贝卡晚 1 个月生产，丽贝卡的后代紧挨着马琳的后代并在其右边。

名字：贝拉，格洛里亚，里欧，珀西，罗莫娜
出生月份：7，8，9，10，11
母亲：爱瑞克，格雷特，克拉雷，马琳，丽贝卡

39. 找出皇后【高级】

这是一场考验耐心的游戏，图中所示的 9 张扑克牌就是这场游戏的道具。从以下给出的线索中，你能准确地指出这 9 张牌各自的牌值和花色吗？

1. 9张牌里，只有一种花色出现过3次，而在图中的排列，没有哪一列或行的花色是完全相同的。

2. 皇后紧靠在7的右边，梅花的上面。

3. 8紧靠在黑桃的下面。

4. 杰克紧靠在一张红桃的左边。

5. 图中央那张牌是红桃10。

6. 图中有一排的第一张是梅花5。

7. 9是一张方块。

8. 国王紧靠在4的左边，它们的花色不一样。4和3的花色是一样的。

9. 6和8为不同花色。而2和7为相同的花色。

40. 摇滚乐队【高级】

5个年轻人准备组建摇滚乐队。通过下面的信息，你能否说出这5个人的名字、乐队的名字、乐队的第一首歌和乐队的音乐风格？

1. 史蒂夫的乐队叫红色莱姆，但是他们录制的不是前卫摇滚风格的《黑匣子》。

2. 内克乐队的歌——《突然》不属于歌德摇滚或另类摇滚风格。

3. 布鲁斯的乐队不叫空旷的礼拜。梅根的乐队也不叫空旷的礼拜，同时她也不是前卫摇滚风格。

4. 贝拉松是一个情绪摇滚风格的乐队名字，但是他们的歌不叫《朱丽叶》。

5. 莱泽开始组建一个独立摇滚风格的乐队。

6. 雷尔的乐队在录制一首名为《毁灭世界》的歌，这首歌的曲风不属于情绪摇滚。

7. 有一个乐队叫倾斜；有一首歌叫《帆布悲剧》。

41. 国际象棋【高级】

图中的米莉·赛克斯是国际象棋俱乐部的女服务员,她正在思考昨晚那个把所有人都难住的思维游戏——把皇后放在正方形棋盘上的一个角(如图所示)。你能否只走4步就可以使它经过棋盘左上角的全部9个方格呢?在你移动每一步  棋时,你可以穿过任意多个方格,但是只能朝着一个方向移动。现在,试试看你能否在5分钟内把这个难题解答出来。

答 案

1.
B。

2.
A。只有 A 具有左右对称性，其余 3 个字母都不具有这种对称性。

3.
10 和 16。

4.
1 号。

5.
金盒子上的话和铜盒子上的话是矛盾的，所以两句话必有一真。又三句话中至多只有一句是真话，所以银盒子上的是假话。因此，画像在银盒中。

6.
B 图的符号和其他符号不一样，因为它是浅灰色的，而其他是深灰色的。A 图的符号和其他的不一样，因为它是 1，而其他是 2。C 图的符号也不一样，因为它是正方形而其他符号是圆形。因此，D 图的符号才是真正不一样的，因为它没有"不一样"的地方。

7.
C。

8.
E。其他的图形都是中心对称图形。换句话说，如果它们旋转 180°，将会出现一个完全相同的图形。

9.

基德拜夫妇有两个孩子（线索4），因此不只有一个孩子的希金夫妇（线索3）一定有三个孩子，并且他们去了澳大利亚（线索1）。通过排除法，去新西兰的布里格夫妇只有一个孩子；排除法又可以得出基德拜夫妇去了加拿大。希金夫妇不是开旅馆（线索1）或鱼片店（线索3），因此他们经营的一定是农场。鱼片店不是由布里格夫妇经营的（线索2），那么一定是基德拜夫妇经营的，布里格夫妇所做的生意是开旅馆。

答案：

布里格夫妇，一个，新西兰，旅馆。

希金夫妇，三个，澳大利亚，农场。

基德拜夫妇，两个，加拿大，鱼片店。

10.

D。在其他各项中，将直线两端的横木数量相乘，都得到偶数值，只有D项得到奇数值。

11.

只需要打开最下面的链子。上面的两根链子并没有连接在一起。

12.

D。

13.

甲可以正确地推导出自己头上所戴帽子的颜色。

14.

A。

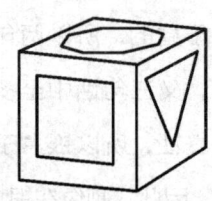

15.

E 不是。

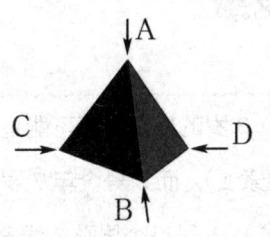

16.

第三个。

17.

B。

18.

莎的姓是卡索（线索2），蒂米穿红色的泳衣（线索1），因此，穿橙色泳衣姓响的小男孩肯定是詹姆士。通过排除法，莎的泳衣一定是绿色的，她的母亲是曼迪（线索3）。同样再次通过排除法，蒂米的姓是桑德斯，他的母亲不是丹尼斯（线索1），那么肯定是萨利，最后剩下丹尼斯是詹姆士的母亲。

答案：

丹尼斯·响，詹姆士，橙色。

曼迪·卡索，莎，绿色。

萨利·桑德斯，蒂米，红色。

19.

科拉·迪在药店工作（线索4），而艾米·贝尔不在面包店工作（线索1），所以她肯定在零售店工作，而埃德娜·福克斯则在面包店工作。艾米·贝尔在半岛商店工作（线索1），斯蒂德商店店员穿蓝色工作服（线索2），因此，穿黄色工作服的埃德娜，肯定在梅森商店工作。通过排除法，艾米的工作服肯定是粉红色的，而在斯蒂德商店工作的一定是科拉，她穿蓝色的工作服。

答案：

艾米·贝尔，半岛商店，零售店，粉红色。

科拉·迪，斯蒂德商店，药

店,蓝色。

埃德娜·福克斯,梅森商店,面包店,黄色。

20.

杰克获得了第三名(线索2),因此他的母亲不可能是丹妮尔(线索1),而梅勒妮是尼古拉的母亲(线索4),那么杰克只能是谢莉的儿子,剩下埃莉诺是丹妮尔的女儿,埃莉诺的服装像个蘑菇(线索3)。尼古拉不是第二名(线索4),我们知道他也不是第三名,因此他肯定是第一名,剩下埃莉诺是第二名。从线索1中知道,排名第三的杰克穿成垃圾桶装束,剩下第一名的尼古拉则穿成机器人的样子。

答案:

丹妮尔,埃莉诺,蘑菇,第二名。

梅勒妮,尼古拉,机器人,第一名。

谢莉,杰克,垃圾桶,第三名。

21.

6岁的格雷琴不可能是4号(线索1),而3号今年7岁(线索4),1号是个男孩(线索3),因此,通过排除法,格雷琴肯定是2号。现在从线索1中知道,3号是7岁的牧羊者的孩子。玛丽亚的父亲是药剂师(线索5),不可能是1号(线索3),那么只能是4号,从线索5中知道,她今年5岁,剩下1号男孩8岁。所以1号不是汉斯(线索2),则一定是约翰纳,剩下汉斯是7岁的牧羊者。从线索3中知道,格雷琴的父亲不是屠夫,那么只能是伐木工,最后知道约翰纳是屠夫的儿子。

答案:

1号,约翰纳,8岁,屠夫。

2号，格雷琴，6岁，伐木工。

3号，汉斯，7岁，牧羊者。

4号，玛丽亚，5岁，药剂师。

22.

位置3的山是第三高峰（线索5），线索2排除了格美特是位置4的山峰，格美特被称为庄稼之神，而山峰1是森林之神（线索3）。山峰2是飞弗特尔（线索4），通过排除法，格美特是位置3的高峰。通过线索2知道，第四高峰肯定是位置1的山峰。辛格凯特不是位置4的山峰（线索6），通过排除法，它一定是山峰1，剩下山峰4是普立特佩尔。它不是第二高峰（线索4），那么它肯定是最高的。因此它就是被人们当作火神来崇拜的那座（线索1）。最后通过排除法，飞弗特尔是第二高峰，而它是人们心中的河神。

答案：

山峰1，辛格凯特，第四，森林之神。

山峰2，飞弗特尔，第二，河神。

山峰3，格美特，第三，庄稼之神。

山峰4，普立特佩尔，最高，火神。

23.

哈里滚球了（线索3），而史蒂夫不是lbw（线索2），那么他一定是犯规的，剩下克里斯是lbw。得了7分的不是哈里（线索3），也非史蒂夫（线索1），那么一定是克里斯。史蒂夫得分不是2分（线索2），那么一定是4分，而哈里是2分。史蒂夫不是3号（线索4），也非1号（线索2），那他一定是2号。哈里不是1号（线索3），则肯定是3号，剩下1号就是克里斯。

答案：

1号，克里斯，lbw，7分。

2号，史蒂夫，犯规，4分。

3号，哈里，滚球，2分。

24.

1910年出生的舅舅的爱好不是制作挂毯（线索1），他也不是工程师，因为工程师的爱好是钓鱼（线索3），那么他肯定爱好诗歌。而他退休之前不是教师（线索2），那么只能是士兵，剩下前教师的爱好是制作挂毯。从线索1中知道，1916年不是伯纳德出生的年份，而线索3也排除了安布罗斯，那么1916年出生的只能是克莱门特。前教师出生的年份不是1913年（线索2），那么他一定是1916年出生的克莱门特，剩下前工程师是1913年出生的。从线索3中知道，安布罗斯是1910年出生的，他退休前是士兵，剩下前工程师就是伯纳德。

答案：

安布罗斯，1910年，士兵，诗歌。

伯纳德，1913年，工程师，钓鱼。

克莱门特，1916年，教师，制作挂毯。

25.

蓝色的盒子里有58个东西（线索2），绿色盒子有螺丝钉（线索3），43个钉子不在灰色的盒子里（线索1），那么一定在红色的盒子。我们知道绿盒子里的东西不是43或58个，而线索3也排除了65个，那么在绿盒子里一定是39个螺丝钉。通过排除法，灰色盒子的东西肯定是65个，它们不是洗涤器（线索3），那么一定是地毯缝针，灰色盒子就是C盒（线索4），剩下蓝色的盒子有58个洗涤器。绿盒子不是D盒（线索3），因它有2个相邻的盒子，那么知道它就是B盒，而有洗涤器的盒子就是A盒（线索3），剩下红色的盒子就是D盒。

答案：

A盒，蓝色，58个洗涤器。
B盒，绿色，39个螺丝钉。
C盒，灰色，65个地毯缝针。
D盒，红色，43个钉子。

26.

B机器是穿红白相间的浴袍的女士用的（线索5），线索4排除了D是尤菲米娅·坡斯拜尔用的，因为兰顿斯罗朴小姐用了机器C（线索2），尤菲米娅的机器可能是A或者B。而拉福尼亚的是B或者C（线索4），因此她也不用机器D。我们知道兰顿斯罗朴用了机器C，那么贝莎不可能是机器D（线索1）。因此，通过排除法，维多利亚肯定用了机器D。所以她的姓不可能是马歇班克斯（线索1），我们知道她的姓也不是坡斯拜尔或者兰顿斯罗朴，那么一定是卡斯太尔，而她的浴袍肯定是绿白相间的（线索3）。因此尤菲米娅不可能用了机器B（线索4），那么一定是在A上，剩下机器B是马歇班克斯用的。因此，从线索1中可以知道，贝莎就是兰顿斯罗朴小姐，她用了机器C，装束是黄白相间的，通过排除法，尤菲米娅·坡斯拜尔是穿了蓝白相间浴袍的人。

答案：

机器A，尤菲米娅·坡斯拜尔，蓝白相间。

机器B，拉福尼亚·马歇班克斯，红白相间。

机器C，贝莎·兰顿斯罗朴，黄白相间。

机器D，维多利亚·卡斯太尔，绿白相间。

27.

已知星期五拜访的女性不是帕特丝·欧文（线索1）或小说家阿比·布鲁克（线索3），那么拜访的是利亚·凯尔，并且可以知道她是个流行歌手（线索2）；通过排除法，帕特丝·欧文是个电影演员，她被拜访的时间不是星期天（线索4），而是星期六，剩下小说家阿比·布鲁克是在星期天被采访的。根据线索1，星期五拜访的利亚·凯尔来自加拿大，根据线索3，星期六的被访者帕特丝·欧文来自澳大利亚，最后排除法得出，星期天的被访者小说家阿比·布鲁克来自美国。

答案：

星期五，利亚·凯尔，流行歌手，加拿大。

星期六，帕特丝·欧文，电影演员，澳大利亚。

星期天，阿比·布鲁克，小说家，美国。

28.

因为沃德拜别墅在4号位置（线索2），那么在1号位置筑巢的不是养了7只小鸭子的戴西（线索1），也不是迪力（线索3），线索4排除了多勒，通过排除法得出是达芙妮。然后根据线索5，5只小鸭子在2号别墅的花园里。我们知道拥有小鸭子数最多的不是戴西、多勒（线索4）或迪力（线索3），而是达芙妮，她拥有8只小鸭子。1号位置小鸭子的数量比2号位置上的多3只，线索3排除了迪力在2号花园里的可能，已知多勒有5只小鸭子，剩下迪力有6只小鸭子。这样根据线索3，罗斯别墅是戴西和她的7只小鸭子的家。我们知道它们不在1号、2号或4号位置，那么一定在3号位置，根据排除法和线索3，迪力在4号沃德拜别墅的花园里抚养它的6只小鸭子。线索1现在告诉我们洁丝敏别墅在2号位置，剩下1号是来乐克别墅。

答案：

1号，来乐克别墅，达芙妮，8只。

2号，洁丝敏别墅，多勒，5只。

3号，罗斯别墅，戴西，7只。

4号，沃德拜别墅，迪力，6只。

29.

由于凯瑞的运动项目不是100米或400米（线索1），她也不是在跳远比赛中获胜的1号女孩（线索1和4），因此通过排除法，她一定破了标枪比赛的纪录。1号位置上的不是跑步运动员，所以凯瑞不是2号女孩（线索1），同一个线索排除了她是1号或4号的可能，所以她在3号位置。400米冠军哈蒂不叫瓦内萨（线索5），我们知道她不叫凯瑞。赫尔的名字是戴尔芬（线索2），那么哈蒂就是洛伊斯。她不在2号位置（线索3），而她的运动项目排除了1号和3号位置，因此她一定在照片中的4号位置。1号女孩不是戴尔芬·赫尔（线索2），而是瓦内萨，戴尔芬是2号女孩，排除法得出戴尔芬的运动项目是100米。最后根据线索4,瓦内萨不姓福特,而姓斯琼,剩下凯瑞是福特小姐。

答案:

1号,瓦内萨·斯琼,跳远。

2号,戴尔芬·赫尔,100米。

3号,凯瑞·福特,标枪。

4号,洛伊斯·哈蒂,400米。

30.

埃格要去拜访岳母(线索2),穿着绵羊皮外套的男人打算修他的小圆舟(线索5),并且穿着小牛皮上衣的奥格不打算粉刷他的窑洞墙壁(线索4),因此他一定是去钓鱼。由于穿着绵羊皮外套的男人不是阿格(线索5),我们知道他也不是埃格或奥格,那么他是艾格。通过排除法,剩下阿格是准备粉刷窑洞墙壁的男人。穿着绵羊皮外套的艾格不在1号位置(线索1),也不在3号位置,因为3号穿着山羊皮上衣(线索3),而线索1和3排除了他在4号位置的可能,那么他一定在2号位置,1号穿着狼皮上衣(线索1),剩下穿着小牛皮上衣的奥格在4号位置。线索5说明阿格在1号位置,他穿着狼皮上衣,通过排除法,在3号位置上穿着山羊皮上衣的人是埃格,就是那个打算拜访岳母的人。

答案:

1号,阿格,粉刷窑洞墙壁,狼皮。

2号,艾格,修小圆舟,绵羊皮。

3号,埃格,拜访岳母,山羊皮。

4号,奥格,钓鱼,小牛皮。

31.

由于2号警官的肩膀麻木(线索1),线索4说明斯图尔特·杜琼不是4号警官。线索2也排除了卡弗在4号位置的可能,并且线索3排除了布特,因此通过排除法,4号警官一定是艾尔莫特。这样根据线索3,格瑞在2号位置,并且遭受肩膀麻木的痛苦。1号警官不是鼻子发痒的内卫尔(线索2),也不是亚瑟(线索3),而是斯图尔特·杜琼。这样根据线索4,3号警官受鸡眼折磨。我们知道他不是格瑞、内卫尔或斯图尔特,那么必定是亚瑟,剩下4号警官是鼻子发痒的内卫尔·艾尔莫特。通过排除法,斯图尔特·杜琼一定受肿胀的脚的折磨。亚瑟就是卡弗(线索2),剩下格瑞就是布特。

答案:

1号,斯图尔特·杜琼,肿胀的脚。

2号,格瑞·布特,肩膀麻木。

3号,亚瑟·卡弗,鸡眼。

4号,内卫尔·艾尔莫特,发痒的鼻子。

32.

"红母鸡"在1649年被宣判(线索4),在1648年被认为是女巫的不是"蓝鼻子母亲"(线索3),因此她一定是"诺格斯奶奶",并且真名是艾丽丝·诺格斯(线索1)。通过排除法,"蓝鼻子母亲"在1647年被宣判为女巫,而她来自盖蒙罕姆(线索2)。那么伊迪丝·鲁乔不是在1648年被宣判(线索4),而是在1649年,她的绰号是"红母鸡"。可以得出艾丽丝·诺格斯住在希尔塞德(线索4)。克莱拉·皮奇不是来自里球格特乡村(线索3),所以必定来自盖蒙罕姆,并且她是在1647年被宣判的"蓝鼻子母亲";排除法得出伊迪丝·鲁乔住在里球格特。

答案:

克莱拉·皮奇,"蓝鼻子母亲",盖蒙罕姆,1647年。

艾丽丝·诺格斯,"诺格斯奶奶",希尔塞德,1648年。

伊迪丝·鲁乔,"红母鸡",里球格特,1649年。

33.

根据线索2,V一定在C1,C2,D1或D2中的一个格子内。因为它不是重复的,所以不可能在C2(线索5),而那个线索也排除了包含有一个元音的D2。D3内是个A(线索4),那么线索2排除了V在D1内,排除法得出它在C1内。这样根据线索2,A1内有个R,而C3内是C。线索1和4排除了在D2内的元音(线索5)是A,也不是O(线索7),因此只能是I。根据线索6,G在C排,但G只有一个,不在C2内(线索5),只能在C4内。这样B4内的元音(线索5)不是O(线索7),而是另一个A。线索7排除了O在A或D排的可能,而已经找到位置的字母除掉了B1、B3或C2,以及B4、C1、C3和C4,只剩下B2包含O,而一个T在C2内(线索7)。这样根据线索5,第二个T在A4内。根据线索7,Y在A3内。我们还需找到两个R的位置,但都不在D4内(线索4),线索1也排除了B1和A2,只剩下B3和D1。L不是在D4内,也不是在A2内(线索3),因此在B1内。线索1排除了剩下的A在D4的可能,得出F在D4,而A在A2。

R	A	Y	T
L	O	R	A
V	T	C	G
R	I	A	F

34.

詹妮的孩子在3号位置上（线索3）。4号位置上的卡纳（线索2）不是D位置上的雷切尔的儿子（线索4和5），丹尼尔是莎拉的儿子（线索4），这样通过排除法，卡纳的母亲是汉纳。然后根据线索1，爱德华是詹妮的孩子，他在3号位置，雷切尔的儿子是马库斯。我们知道汉纳不在D位置上，也不在C位置（线索1）或B位置（线索2），因此她一定在A位置。詹妮不在C位置（线索5），而是在B位置，剩下C位置上的是莎拉。丹尼尔不在2号位置（线索4），那他一定在1号，剩下马库斯在2号位置，这由线索4证实。

答案：

A位置，汉纳；4位置，卡纳。

B位置，詹妮；3位置，爱德华。

C位置，莎拉；1位置，丹尼尔。

D位置，雷切尔；2位置，马库斯。

35.

宝贝1，海蒂，是乔治亚的孩子。

宝贝2，伊莎贝尔，是詹妮的孩子。

宝贝3，戴西，是爱瑞的孩子。

宝贝4，达娜，是艾莉森的孩子。

36.

弹吉他的不是1号（线索

1),1号也不是变戏法者(线索3),也非街边艺术家(线索4),因此1号肯定是手风琴师,他不是泰萨,也不是莎拉·帕吉(线索2),而内森是2号(线索5),因此1号只能是哈利。因内森不弹吉他(线索5),线索1可以提示吉他手就是4号。4号不是莎拉·帕吉(线索2),而莎拉·帕吉不是1号和2号,因此只能是3号。因此,她不是变戏法者(线索3),通过排除法,她肯定是街边艺术家,剩下变戏法者就是2号内森。从线索4中知道,他的姓一定是西帕罗,而4号位置肯定是泰萨。从线索2中知道,克罗葳不是泰萨的姓,则一定是哈利的姓,而泰萨的姓只能是罗宾斯。

答案:

1号,哈利·克罗葳,手风琴师。

2号,内森·西帕罗,变戏法者。

3号,莎拉·帕吉,街边艺术家。

4号,泰萨·罗宾斯,吉他手。

37.

某位女性的生日是8月4日(线索2),她不是内奥米(线索4)或者波利。巴兹尔的生日是个偶数日(线索7),安妮的生日是8月2日(线索5),因此,通过排除法,8月4日一定是威尔玛的生日。我们知道巴兹尔的生日不是2号或者4号,通过线索7知道,她的生日一定是7月28日或者7月30日,因此波利的生日是7月29日或者31日。斯图尔特·沃特斯的生日在8月份(线索7),但是克雷布的生日是8

月1日（线索6），我们知道斯图尔特不是2号或者4号，那么一定是3号。出生在7月28日的不是查尔斯（线索1）、安格斯（线索3）、内奥米（线索4）或者波利（线索7），也不是安妮、斯图尔特和威尔玛，那么一定是巴兹尔。这样，从线索7中知道，波利的生日是7月29日。安格斯不是7月31日出生的（线索3），内奥米也不是，因为她的生日是在斯盖尔斯之前的（线索4），通过排除法，7月31日一定是查尔斯的生日。这样，从线索1中知道，巴兹尔姓菲什。因为阿彻是男的（线索4），那么线索4也排除了内奥米的生日是7月30日的可能，那么一定是8月1日，剩下7月30日是安格斯的生日。线索4现在可以告诉我们，安妮姓斯盖尔斯，查尔斯姓阿彻。从线索3中知道，布尔的名字是波利，出生在7月29日。安格斯不是拉姆（线索6），那么一定姓基德，剩下拉姆是威尔玛的姓。

答案：

7月28日，巴兹尔·菲什。

7月29日，波利·布尔。

7月30日，安格斯·基德。

7月31日，查尔斯·阿彻。

8月1日，内奥米·克雷布。

8月2日，安妮·斯盖尔斯。

8月3日，斯图尔特·沃特斯。

8月4日，威尔玛·拉姆。

38.

1号黑猩猩不是罗莫娜（线索1）、里欧或格洛里亚（线索2），也不是贝拉（线索3），那它一定是珀西。5号黑猩猩的母亲不是格雷特（线索1）、克拉雷（线索2）、爱瑞克（线索3）

或马琳（线索4），而是丽贝卡。由此得出4号黑猩猩的母亲是马琳（线索4）。1号黑猩猩珀西的母亲不是格雷特（线索1）或克拉雷（线索2），那一定是爱瑞克。珀西和格雷特的后代都不是在11月出生（线索1），克拉雷（线索2）或丽贝卡（线索4）的后代也不是，因此在11月生产的是马琳。现在可以知道在10月生产的丽贝卡（线索4）是5号黑猩猩的母亲。根据线索3，贝拉是2号黑猩猩。5号黑猩猩不是罗莫娜（线索1）或里欧（线索2），而是格洛里亚。里欧是4号黑猩猩（线索2），排除法得出罗莫娜是3号。根据线索2，3号罗莫娜是克拉雷的后代，排除法可以知道格雷特是贝拉的母亲。在7月出生的黑猩猩不是罗莫娜（线索1）或贝拉（线索3），那一定是珀西。贝拉在8月出生（线索3），最后通过排除法得出罗莫娜在9月出生。

答案：

1号，珀西，7月，爱瑞克。

2号，贝拉，8月，格雷特。

3号，罗莫娜，9月，克拉雷。

4号，里欧，11月，马琳。

5号，格洛里亚，10月，丽贝卡。

39.

皇后不可能是1、4、7、8或9号牌（线索2）。因为中央的牌是红桃10（线索5），这又排除了皇后是2、5和6号牌的可能性，所以皇后是3号牌。因此，2号牌是7，6号牌是梅花（线索2）。再根据线索6，梅花5一定是1号牌。8紧靠在黑桃的下面（线索3），这排除了8是4或9号牌的可能性，因为已知3和5号牌是红桃，这又排除了8是6或8号牌的可能性。又已知8不可能是5号牌，所以8是7号牌；4号牌是张黑桃。9号牌是张方块（线索7），所以杰克不可能是8号牌，也不可能是6和9号牌（线索4），因此杰克是4号牌的黑桃，5号牌是红桃10（线索4），线索8揭示9号牌是的方块4，因此8号牌是国王。根据线索9，国王不可能是梅花，所以是黑桃（线索8）。同样根据线索8，3号牌是方块皇后。现在我们知道，线索1中，出现3次的牌的花色不可能是方块和黑桃，因为所有的牌是已知的。2号牌和7号牌有相同的花色（线索9），但是我们已知1号牌和6号牌是梅花，而这里不可能有相同花色的4张牌（线索1），所以2号牌和7号牌是红桃，红桃就是有相同花色的3张牌的花色。最后得出6号牌是梅花3。

答案：

1号牌，梅花5。

2号牌，红桃7。

3号牌，方块皇后。

4号牌，黑桃杰克。

5号牌，红桃10。

6号牌，梅花3。

7号牌，红桃8。

8号牌，黑桃国王。

9号牌，方块4。

40.

布鲁斯的乐队叫倾斜，他们正在录《黑匣子》，这是一首前卫摇滚风格的歌。

雷尔的乐队叫空旷的礼拜，在录制《毁灭世界》，这是一首歌德摇滚风格的歌。

莱泽的乐队叫内克，在录制《突然》，歌曲的曲风是独立摇滚。

梅根的乐队叫贝拉松,正在录制《帆布悲剧》,这是一首情绪摇滚风格的歌。

史蒂夫的乐队叫红色莱姆,在录制《朱丽叶》,这是一首另类摇滚的歌。

41.

要解决这个问题,你必须经过除了左上角的9个方格之外的方格,但是仍然不易解决。

你要通过四步使"皇后"经过左上角的全部9个方格。在下次俱乐部会战时,你可以按照下图所示的步骤一展身手。

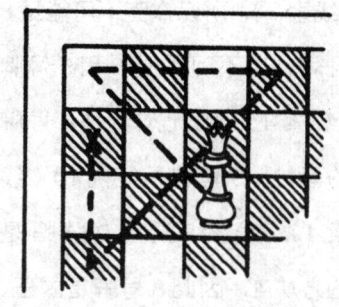

第二章
递推法

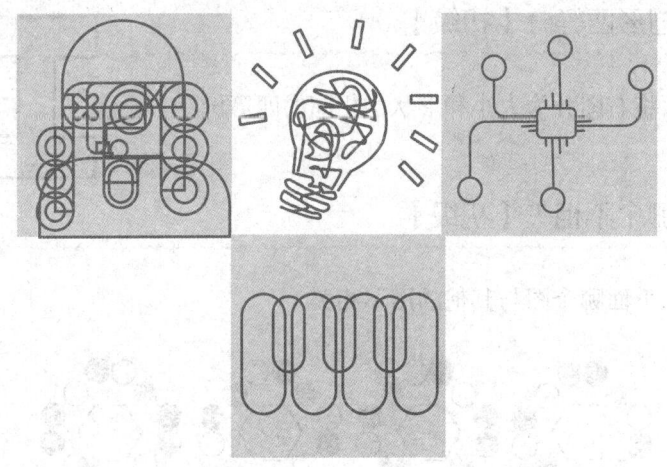

1. 图形组合【初级】

仔细观察下边 4 幅图形，依据图形规律，从 A–D 中选出适合的第五幅图形。

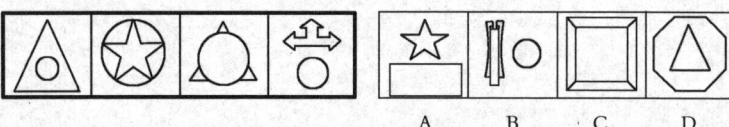

2. 图形四等分【初级】

将右图分为大小和形状均相同的四等份。

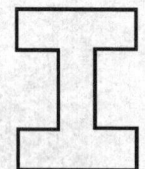

3. 哪个不相关【初级】

下面哪个图与其他的图不相关？

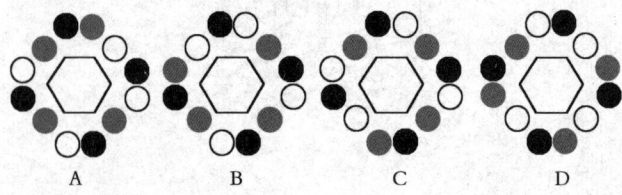

4. 图形识别【初级】

依据下图的图形变化规律找出第四幅图。

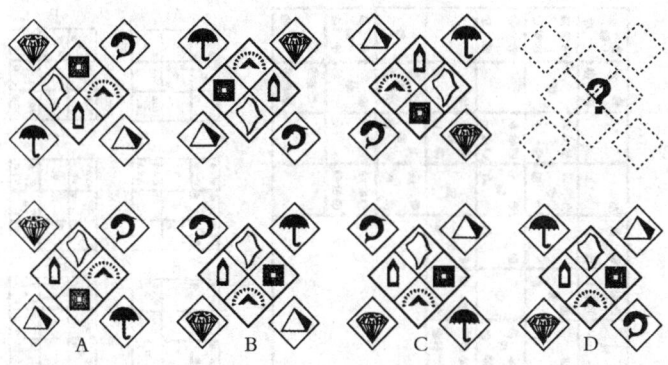

5. 填数字【初级】

根据规律，填数字完成下图右侧谜题。

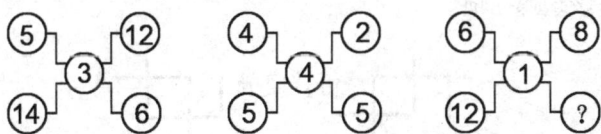

6. 黑色还是白色【初级】

依照右图的逻辑，说说 Z 应该是黑色还是白色。

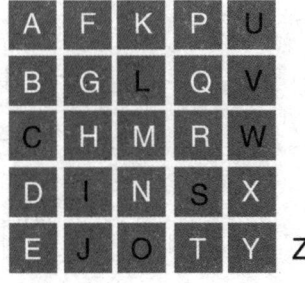

7. 黑点方格【初级】

空缺处应该放入 A ~ F 项中的哪一项？

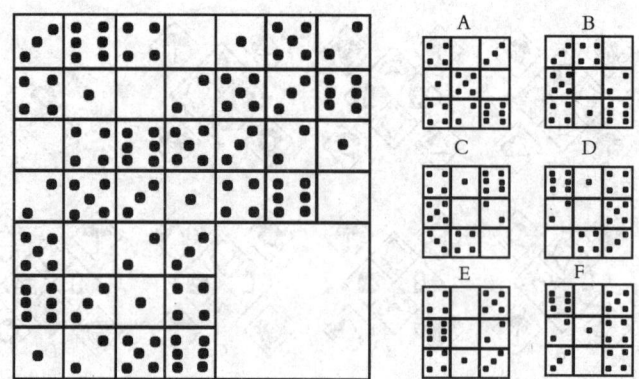

8. 图形转换【初级】

依据第一组图形的转换规律，请判断所给出的图形对应转换后应该是哪一项。

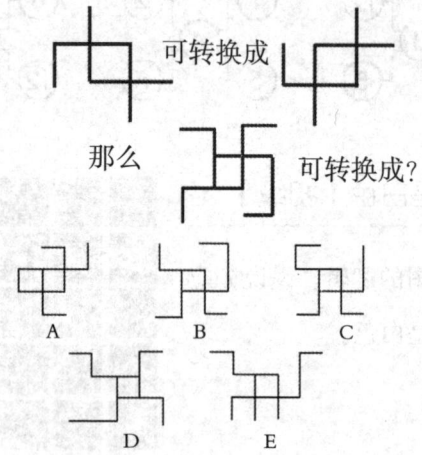

9. 缺少的时针【初级】

表盘中缺少的时针应指向哪儿?

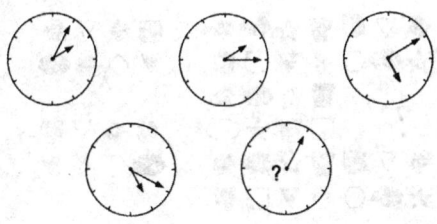

10. 类同变化【初级】

从A到B的变化,类同于从C到哪一项的变化?

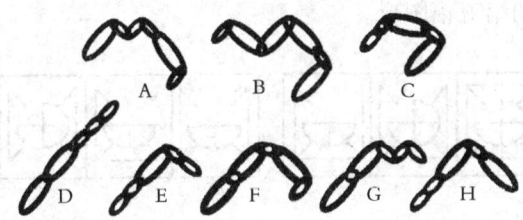

11. 回忆填图【初级】

仔细观察下图上面的第一组图,然后将图遮住,从A、B、C、D中选出第二组图中缺失的图形。

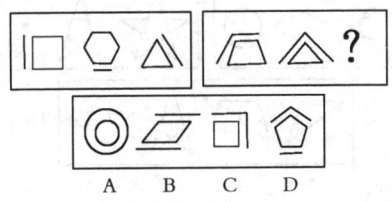

12. 补充图案【初级】

仔细观察下图左面的图形，选择合适的答案将空白补上。

13. 规律推图【初级】

仔细观察下图左边 4 幅图形，从 A、B、C、D 选项中选出规律相同的第五幅图形。

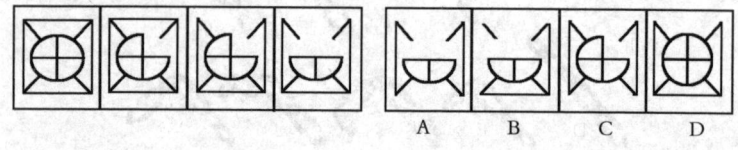

14. 图形选择【初级】

观察下图中的第一组图形，依据规律选出第二组图形中缺少的图形。

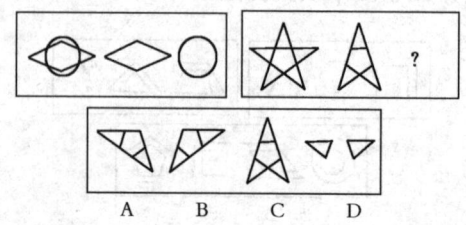

15. 有趣的脸谱【中级】

A、B、C三个选项中，哪个可以接续上图序列？

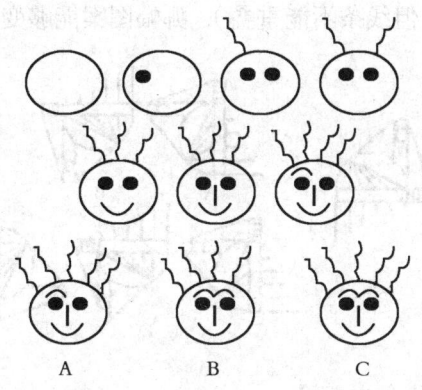

16. 查缺补漏【中级】

你能找出图中的规律，并把缺掉的部分补上吗？

17. 数字代码【中级】

题目中的问号可以用什么数字代替？

7628	5126	3020
9387	6243	1088
8553	2254	?

18. 添上一条线【中级】

如果在 A、B、C、D、E 各图中某处添上一条线（任何形状的线皆可，但线条不能重叠），哪幅图案能够变成图 1 所示的形态？

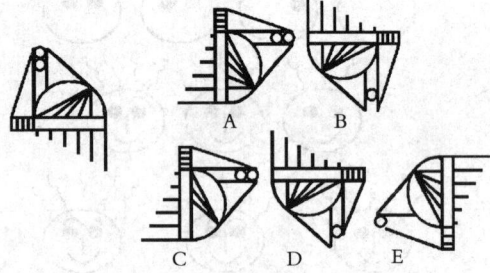

19. 推测符号【中级】

如图所示，将 ○、△、× 符号填入 25 个空格中，每格一个。问号处应该是什么符号？

○	×	△	○	○
△	×	△	×	×
×	○	○	△	△
○	△	×	○	○
?	×	○	△	×

20. 中国盒【中级】

用 4 个盒子一盒套一盒做成 1 个中国盒。里面的 3 个盒子里各放 4 块糖，外面的大盒子里放 9 块糖。把这个盒子作为生日礼物送给你的朋友，并且告诉他（她）必须使每个盒子里的糖果变成偶数对再加1颗，然后才可以吃糖。你知道怎么放吗？

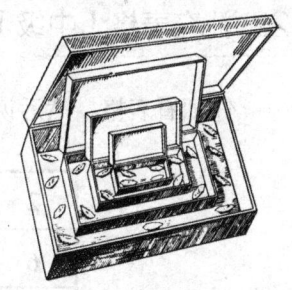

21. 数字巧妙推【中级】

充分发挥你的想象力，推算出下一行的数字是什么。

1
1 1
2 1
1 2 1
1 1 1 2 2 1
3 1 2 2 1 1
1 3 1 1 2 2 2 1
1 1 1 3 2 1 3 2 1 1

22. 数字矩阵【中级】

观察下边这个矩阵。你能填上未给出的数字吗？

1	1	1	1
1	3	5	7
1	5	13	25
1	7	25	?

23. 补充表格【中级】

仔细看表格，然后说出表格中的问号该填什么数。

2	9	6	24
6	7	5	47
5	6	3	33
3	7	5	?

24. 跳棋【中级】

跳棋协会这个星期举办了一场激动人心的跳棋比赛。从给出的线索中，你能说出3个让人有所期待的选手名字、俱乐部及他们最后的排名吗？

1. 跳棋选手泰勒代表红狮队。

2. 在史蒂夫胜出比赛后，紧接着是沃尔顿胜出。

3. 在第三场比赛中胜出的选手姓汉克。

4. 比尔比来自五铃队的选手早胜出比赛。

		汉克	泰勒	沃尔顿	五铃队	红狮队	船星队	第一名	第二名	第三名
名	比尔									
	玛丽									
	史蒂夫									
	第一名									
	第二名									
	第三名									
	五铃队									
	红狮队									
	船星队									

25. ABC（1）【中级】

按要求填表格。要求每行每列均包含字母 A、B、C 和两个空格。表格外的字母表示箭头所指方向的第一或者第二个出现的字母，如 B1 代表箭头所指方向出现的第一个字母为 B。你能按要求完成吗？

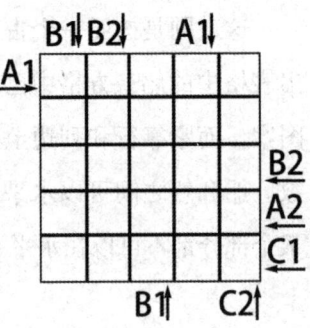

26. 战舰（1）【中级】

这道题是按照一个古老的战舰游戏设计的，你的任务是找出表格中的船。方格中已填入了几个代表海或某种船的局部的图案，而紧靠行和列边上的数字表示这行或这列被占的方格总数。船和船之间可以水平或垂直停靠，但是任意两艘船或船的某个部分都不可以在水平、垂直和对角方向上相邻或重叠。

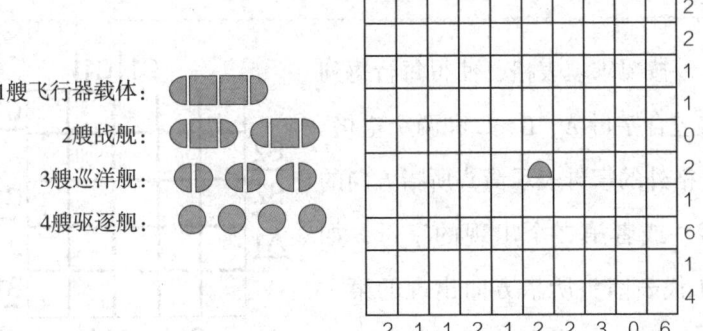

27. 战舰（2）【中级】

这道题是按照一个古老的战舰游戏设计的，你的任务是找出表格中的船。方格中已填入了几个代表海或某种船的局部的图案，而紧靠行和列边上的数字表示这行或这列被占的方格总数。船和船之间可以水平或垂直停靠，但是任意两艘船或船的某个部分都不可以在水平、垂直和对角方向上相邻或重叠。

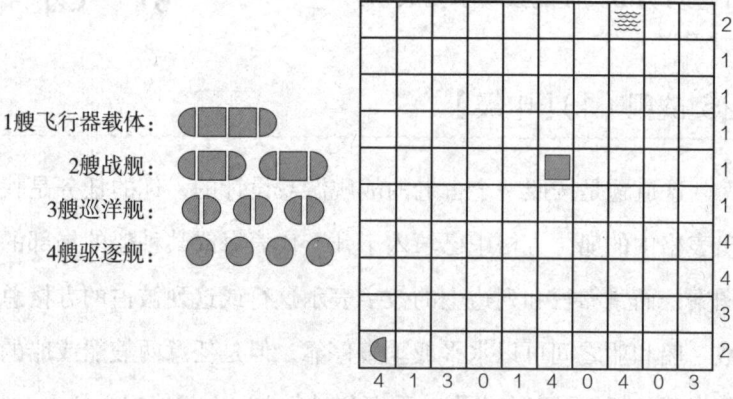

28. ABC（2）【中级】

按要求填表格，使得每行每列均包含字母 A、B、C 和两个空格。表格外的字母表示箭头所指方向的第一或者第二个出现的字母，如 B1 代表箭头所指方向出现的第一个字母为 B。你能按要求完成吗？

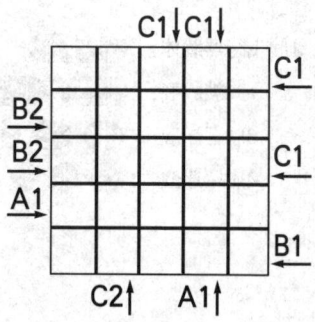

答 案

1.

　　B。

2.

　　如图：

3.

　　D。图形 B、C 为图形 A 每次逆时针旋转 90°所得。

4.

　　C。其他各个图形的中心部分是逆时针方向旋转，而周围部分是顺时针方向旋转。

5.

　　3。每个图形上面 3 个数字之和与下面两个数字之和相等。

6.

　　Z 应该是黑色。因为所有的黑色字母都能一笔写完，白色的字母就不能。

7.

　　D。每一行或列小方格中的黑点数目都不同。

8.

　　B。

9.

　　指向 10。从左上方开始，沿顺时针方向进行，每个钟上时针与分针所指向的数字之和从 3 开始，每次加 2。

10.
F。大的部分变小,小的部分变大。

11.
C。

12.
C。每行的图形不论颜色如何都是顺序重复着的。

13.
B。

14.
D。

15.
A。先在脸上添画一种元素,再加画一根头发、脸上添画一种元素,接着加画一根头发,然后加画一根头发、脸上添画一种元素。此后,按照这个顺序添加。

16.
每一行中的黑楔形都可以构成一个完整的正方形。

17.
0108。前一个数字中的外面两位数相乘,乘积就是下一个数字中的外面两位数。前一个数字中里面的两位数相乘,乘积就是下一个数字中的中间两位数。

18.
B。只要再加一个小圆就可以和左图相同。A完全与图相同,其他几个相差太大。

19.
填△。其排列规则是从中心向外,按照○、△、×的次序旋转着填充。

```
○ ← × ← △ ← ○   ○
↓
△   × ← △   × ← ×
    ↓       ↑
×   ○   ○   △   △
↓       ↑
○   △ → × → ○   ↑
↓
△ → × → ○ → △ → ×
```

20.

从外面的大盒子里拿出 1 块糖，放到里面最小的盒子里就可以了。这样，最小的盒子里就有了 5 块糖（两对加 1 块），将这 5 块糖算进第二个小盒子的糖果数目中，第二个小盒子中的糖果数现在是 5+4=9 块（4 对加 1 块）。第三个小盒子中现在有了 9+4=13 块糖果（6 对加 1 块）。最外面的大盒子中有 13+8=21 块（10 对加 1 块）。

21.

每一行数字就是对其上面一行数字的描述。最下一行应该是 31131211131221

22.

每个数字是它所在小正方形其他三个数字之和，根据这条规则，未给出的数字是 63。

23.

26。每行的第一列数乘以第二列数，再加上第三列的数，等于第四列的数。

24.

史蒂夫的姓不是沃尔顿（线索 2），他也不可能姓汉克，汉克是第三名（线索 2 和 3），因此他只可能姓泰勒，所以他代表红狮队（线索 1）。他不是第二名（线索 2），那么他只能是第一名，而沃尔顿是第二名。比尔不代表五铃队（线索 4），因此他只可能代表船星队，而玛丽代表五铃队。从线索 4 中知道她肯定姓汉克，最后取得第三名，得出比尔肯定姓沃尔顿，取得第二名。

答案：

比尔·沃尔顿，船星队，第二名。

玛丽·汉克，五铃队，第三名。

史蒂夫·泰勒，红狮队，第一名。

25.

	A	C	B
B		A	C
C	B		A
	C	A	B
A		B	C

26.

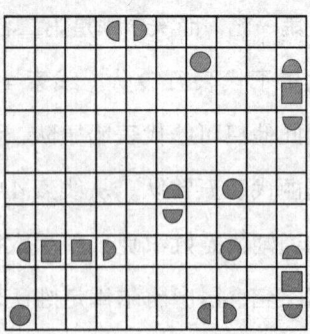

27.

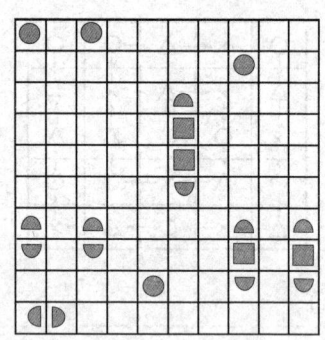

28.

B	A	C		
	C	B		A
A	B		C	
		A	B	C
C			A	B

第三章
作图法

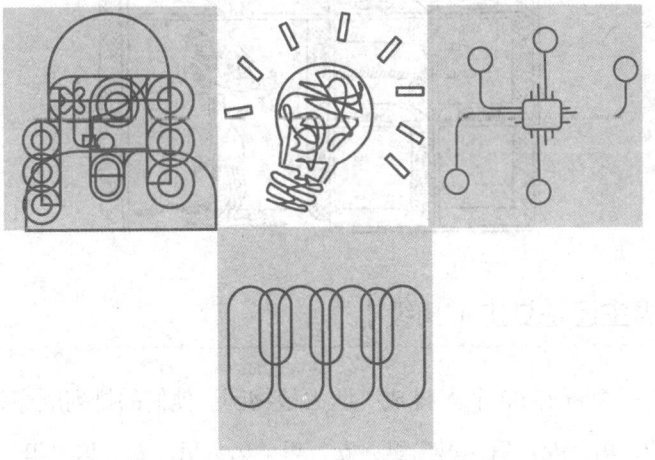

1. 老鼠迪克【初级】

老鼠迪克要怎样才能吃到奶酪呢?

2. 男生还是女生【初级】

一个班有 90 个人排成一队去植物园。他们的排列顺序是这样的:男、女、男、男、男、女、男、男、女、男、男、男、女、男、男、男、女……那么,最后一个学生是男还是女呢?

3. 谁先到达【初级】

如右图所示,从甲点到乙点中间隔着一个小草坪,草坪的两边有两条小路。小明和小军同时从甲点出发,小明从左侧小路走,小军从右侧小路走,相同的速度下,谁先到达乙点?

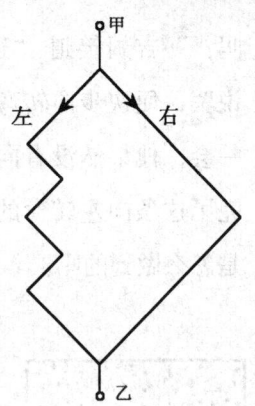

4. 几个正方形【初级】

如下图所示的16个点能围成几个正方形?

5. 双胞离体【初级】

将下面5种图形分别分成形状、大小都相同的双胞图形。

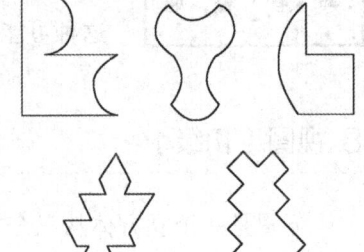

6. 不向左转【初级】

吉姆和汤米在一条马路上走着,眼见前面的马路就要向左拐弯了,汤米便考吉姆说:"你能不往左转,就把这条马路走完吗？"吉姆笑道："这还不容易？"说罢，便快步向转弯处走去。没过一会，他果然没有向左转弯，就走完了这条向左转弯的路。你知道他是怎么做到的吗？

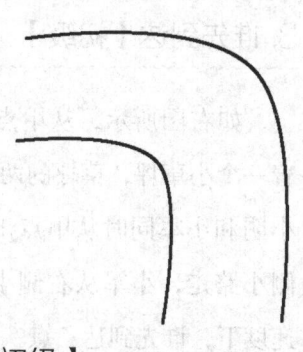

7. 只剩一点【初级】

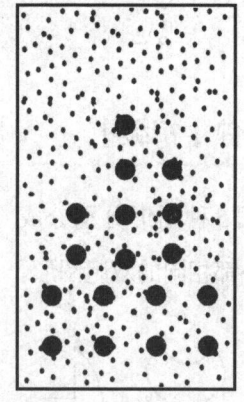

有17个如左图中所画的点。从任何一点画一条比点粗的直线连接其他的点，最后应可让每一个点至少都能与另一点连接起来。但是，某人做这项工作，虽然连接了所有的点，最后却还是剩下一点。有这种可能吗？

8. 视图【初级】

下图是一个立方体从三个方向看的视图效果。请问黑面的对面是什么样子的？

9. 条条大道通罗马【初级】

小张、小李、小龙、小王的家在不同的地方，同时他们在不同的地方上班。请你为他们分别设计一条能回到家又不相互交错的路线。

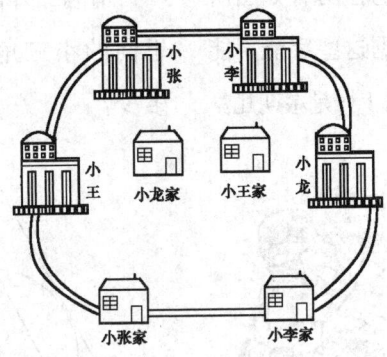

10. 飞船【初级】

这艘飞船正从月球飞回地球。下图所示的就是前进舱指挥舰板的平面图。伯肯舰长每个小时都会巡视飞船，他将检查从 A 到 M 的每一个走廊，而且只检查一次。但是，通过外走廊 N 的次数不限；同时，进入 4 个指挥中心（1 号、2 号、3 号和 4 号）的次数也不受限制。最后，他总是在 1 号指挥中心结束他的检查。请你把舰长的检查路线展示出来（起点可以从任一指挥中心开始）。

11. 未来时光【中级】

一位将军在战场上,拿着望远镜观察远处的房屋,偶尔看见一家墙壁上的挂历有如图所示的黑字。根据这些字能不能推测出这个月的1号是星期几?

12. 面积有多大【中级】

在一个正三角形中内接一个圆,圆内又内接一个正三角形。

请问:外面的大三角形和里面的小三角形的面积比是多少?

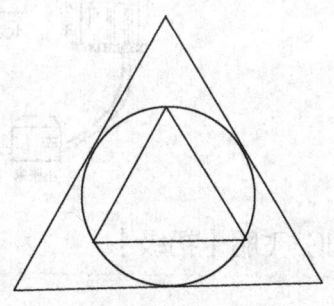

13. 考试的结果【中级】

有A、B、C、D、E 5个人参加考试,都考了相同的五门课。老师评完考卷后,有如下结果(成绩按1,2,3,4,5分评分):

1. 5个人的总分各不相同,而且在同一门考试中,也没有相同分数的人。但无论是谁,都有一门课程成绩是5个人中最好的。

2. 按得分总名次排列,A为第一名,其余依次为B,C,E,D。

3. A总分为18分,B比A少2分。

4. A历史最好，B语文最好，但B的地理和英语均为第三名。

5. C的地理为第一，数学为第二，历史为第三。

6. D的数学为第一，英语为第二。关于E的得分情况，老师什么也没有说。

这5个人的各科成绩各是多少？总分又各是多少？

14. 人鬼同渡【中级】

3个人和3个鬼同在一个小河渡口，渡口上只有一条可容2人的小船，但是摆渡人不知去向。他们如何用这条小船全部渡到对岸去？

条件是在渡河的过程中，河两岸随时都保持人数不少于鬼数，否则鬼会把处于少数的人吃掉。

15. 各走各门【中级】

一个院子里住了3户人家。这3户人家的关系简直糟透了，不只是互不说话，而且谁也不想看到谁。他们想各走各的门，也就是像图上所画的那样，A走A门、B走B门、C走C门。为了避免相遇，他们走的路也

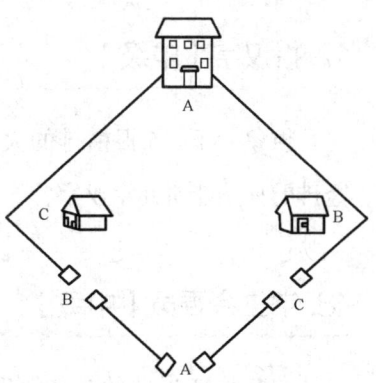

不能交叉。那么，他们该怎样走才好呢？

16. 兔子难题【中级】

直线 AA 上有 3 只兔子，直线 CC 上也有 3 只兔子，直线 BB 上有 2 只兔子。有多少条直线上有 3 只兔子？有多少条直线上有 2 只兔子？如果拿走 3 只兔子，将余下的 6 只兔子排成 3 排，且每排有 3 只兔子，该怎么排列？

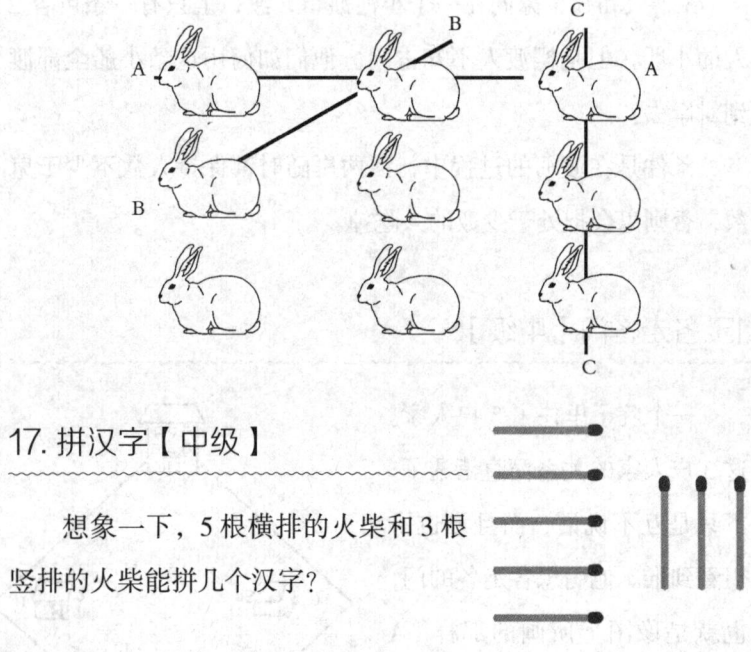

17. 拼汉字【中级】

想象一下，5 根横排的火柴和 3 根竖排的火柴能拼几个汉字？

18. 学生会委员【中级】

在某校新当选的 7 名学生会委员中，有 1 个大连人，2 个北方人，1个福州人，2个特长生，3个贫困生。假设上述介绍涉及该学生会中的所有委员，则以下各项关于该学生会的断定与题干相矛盾的是：

A. 两个特长生都是贫困生。

B. 贫困生不都是南方人。

C. 特长生都是南方人。

D. 大连人都是特长生。

E. 福州人不是贫困生。

19. 保守的丈夫【中级】

河岸上有3对夫妇，他们都要渡河，可是只有一条能乘2个人的小船。而且，这3个男人都很保守，他们不希望自己的妻子在他本人不在的情况下和别的男人在一起。请想想，用什么办法把他们都渡过去。当然，船得他（她）们自己划。因此每次渡过河都要有人划回原处，直至全渡过去为止。

20. 放不下的榻榻米【中级】

一个日本人在买榻榻米（日本人铺房间用的一种草垫子，尺

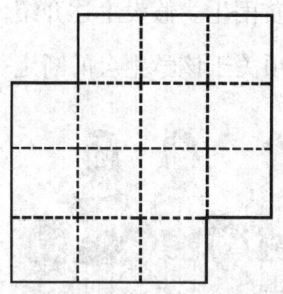

寸大小一般和中国的单人凉席差不多）之前，量了一下房间地面尺寸，正好是铺7张榻榻米的面积（见左图，两方格铺一整张榻榻米）。可是，当他买回来后却发现7张榻榻米在他的房间里怎么也铺不下。你知道其中的原因吗？

21. 移动汽车【中级】

如图，这是一座汽车库，实线表示墙，虚线表示车位的划分，车可以自由移动。如果要将车对调一下，即1和5对调，2和6对调……每格只能进一辆车，但如果是空的，车移动几格都行。该怎样移动呢？

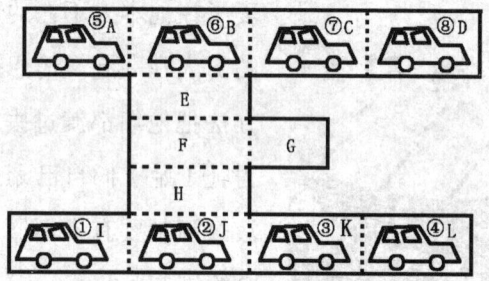

22. 戒指放盒里【中级】

一只盒子上面放着一枚钻石戒指，你能否在一分钟内把它放到盒内去？

23. 聪明的家丁【中级】

如图所示，这是一座从正上方俯视时呈正方形的城堡，堡主每面都派3个家丁日夜巡逻，自己在堡内每天都通过四面的窗口视察一下，看他们是否忠于职守。这差事如此辛苦，12个家丁叫苦不迭。他们想了一个办法，既节省了人力，又让堡主视察时看到的仍是每面3人。他们是怎样做的？

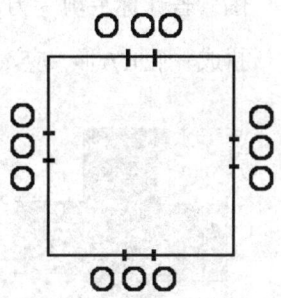

24. 变大的正方形【中级】

在图中，有相同大小的正方形纸9枚，全部排列成一个大正方形。现在想再加一枚小正方形纸片，以便和原先的9张一同做出一个更大的正方形。纸张可视需要自由裁剪，只是不能有多出来或重叠的部分。你准备怎样做呢？

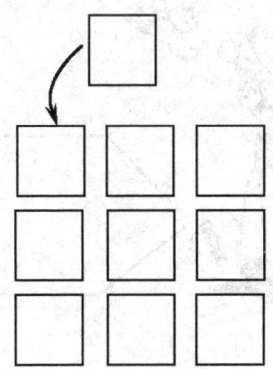

25. 十字变方【中级】

图中所示的一张十字标志图，若让你另剪一刀，并把它拼成一个正方形，应该怎么做？

26. 巧做十字标【中级】

将下边的木板做成一个十字标志，应该怎样做呢？

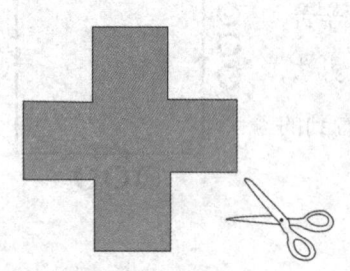

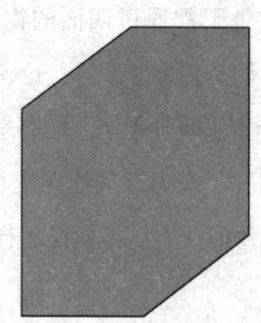

27. 设计桌面【中级】

下图是一块边角料，小花想把它做成一张正方形桌面，请你帮她设计一下，怎样剪拼，才能完成呢？

28. 神奇的风筝【中级】

右图就是著名的"风筝思维游戏"。要做这个游戏,你得先画一个风筝。然后画一条线把风筝连接起来,但是必须一笔完成(即用一条线连续画出)。线与线之间不能交叉,也不能重叠。你必须从线团开始画,然后到风筝的正中央结束。

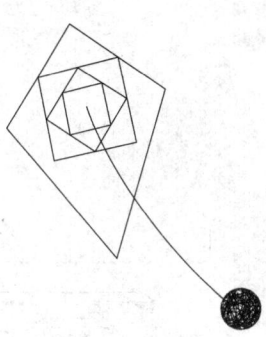

29. 谁点了牛排【高级】

4个好朋友前往一家西餐厅用餐,他们选了个圆桌,依A,B,C,D的顺序坐下,并在看过菜单之后,彼此接续点了主菜、汤及饮料。

在主菜方面,李先生点了一份鸡排,连先生点了一份羊排,而坐在B的人则点了一份猪排。

汤水方面,萧先生及坐在B处的人都点了玉米浓汤,李先生点了洋葱汤,另一人则点了罗宋汤。至于饮料方面,萧先生点了热红茶,李先生和连先生点了冰咖啡,而另一个人则点了果汁。

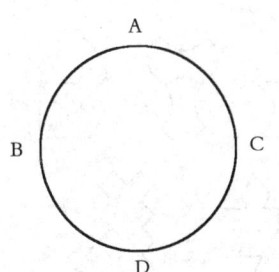

当大伙儿点完之后,这才发现:邻座的人都点了不一样的东西。如果李先生是坐在A的位置,试问,坐在哪个位置的先生点了牛排?

答 案

1.

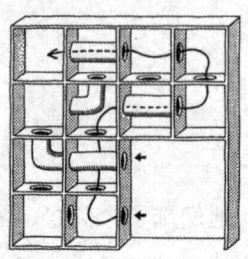

2.

最后一个学生是女生。

3.

两条小路的路程相同。如图，线路一的各分段距离之和，正好等于线路二的距离。

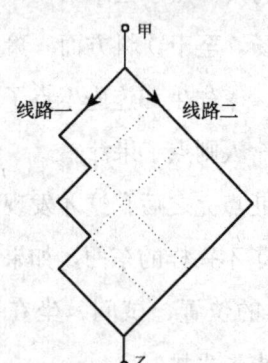

4.

20个。如图。

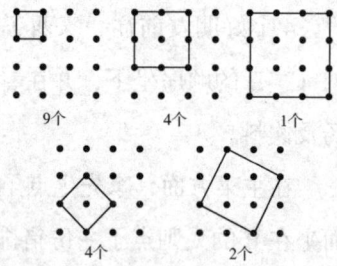

9个　　4个　　1个

4个　　2个

5.

沿虚线剪开。

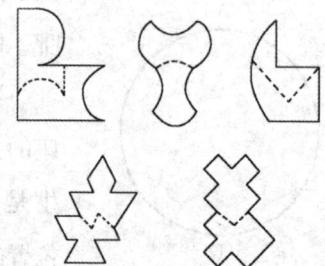

6.

他走的路线如下图中虚线所示：

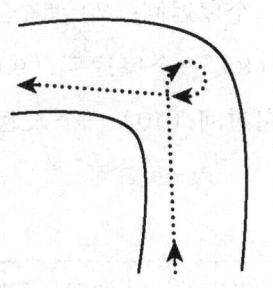

7.

有可能。那个人像图中所显示的一样画直线，所以留下一个"点"的简体字。

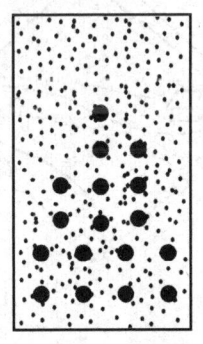

8.

另一个黑面。这道题也要画一个展开图来考虑，但你很快会发现自己被捉弄了，那就是因为存在两个黑色的面，黑色面的对面还是一个黑色的面。

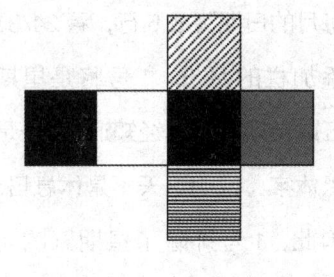

9.

如图：

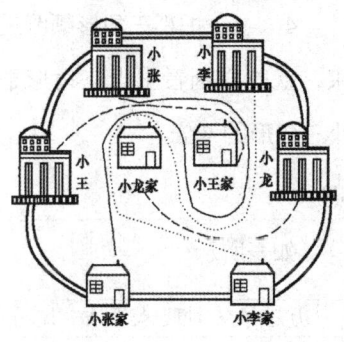

10.

舰长的检查路线如下：从2号指挥中心进去，然后是E，N，H，3，J，M，4，L，3，G，2，C，1，B，N，K，3，I，N，F，2，D，N，A，1。

11.

要回答这个问题,对日历的形式必然熟悉。日历通常把每月的日期写成5行,看24/31添加栏的月份,1号将是星期五或星期六。已经知道24号是黑体字,说明这天不是休息日。因此,1号排除了星期五的可能,必然是星期六。

12.

4:1。把小三角形颠倒过来,就能立刻看出大三角形是小三角形的4倍。

13.

如表所示:

	历史	语文	地理	英语	数学	总分
A	5	4	4	2	3	18
B	4	5	3	3	1	16
C	3	2	5	1	4	15
D	1	1	3	4	5	12
E	2	3	2	5	3	14

14.

(1)一个人和一个鬼过河;(2)留下鬼,人返回;(3)两个鬼过河;(4)一个鬼返回;(5)两个人过河;(6)一个人和一个鬼返回;(7)两个人过河;(8)一个鬼返回;(9)两个鬼过河;(10)一个人返回;(11)一人一鬼过河。

15.

走道的设计如图。既然关系不好,不想见面,走路就别怕绕路。

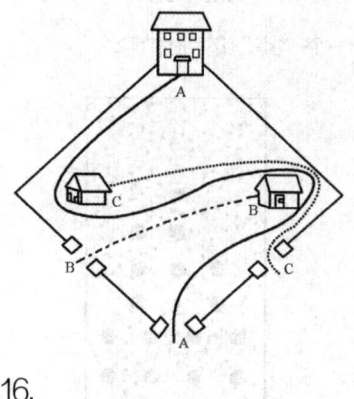

16.

有8条直线上有3只兔子;有28条直线上有2只兔子;6只兔子排成3排且每排3只,

可以如下图排列：

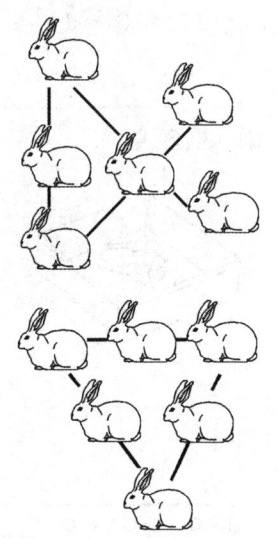

17.

4个。如图：

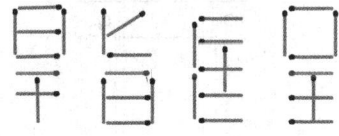

18.

按不同的划分标准画两个图：

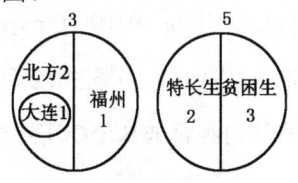

如果2个特长生都是贫困生，那么题中介绍便只涉及了6个人，与题干矛盾；其他选项均不矛盾。正确选项是A。

19.

渡法如下：船来去的情况用箭头表示。人用字母代表，大写的英文字母代表丈夫，小写的英文字母代表妻子。这道题的关键是在第6至第7次之间，又把Bb夫妇渡回来了。想到这一点，问题基本解决了。

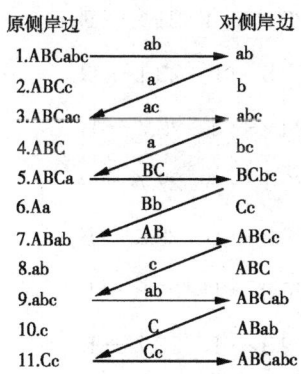

20.

老头的房间确实是7张榻榻米的面积，但该房间的形状是不能整铺7张榻榻米的,而是只能铺6张整的和两个半张的。

21.

照如下顺序移动即可。

1.6 → G 2.2 → B 3.1 → E
4.3 → H 5.4 → I 6.3 → L
7.6 → K 8.4 → G 9.1 → I
10.2 → J 11.5 → H
12.4 → A 13.7 → F
14.8 → E 15.4 → D
16.8 → C 17.7 → A
18.8 → G 19.5 → C
20.2 → B 21.1 → E
22.8 → I 23.1 → G
24.2 → J 25.7 → H
26.1 → A 27.7 → G
28.2 → B 29.6 → E
30.3 → H 31.8 → L
32.3 → I 33.7 → K
34.3 → G 35.6 → I
36.2 → J 37.5 → H
38.3 → C 39.5 → G
40.2 → B 41.6 → E
42.5 → I 43.6 → J

22.

添3根直线。

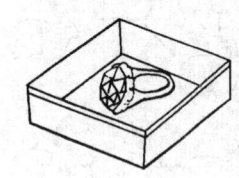

23.

如图:

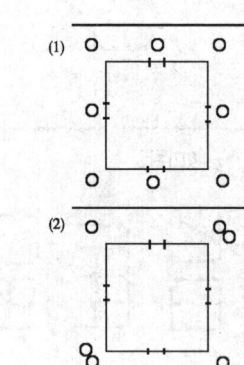

24.

如图,依照实线部分加以切割组合即可。中央4个小正方形维持原状,四周的12个片段刚好可组合成6个小正方形,合计 10 个小正方形。

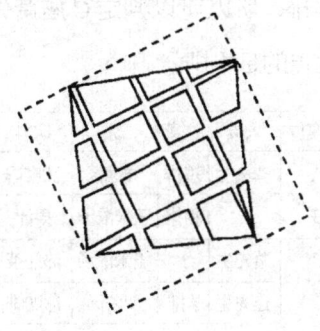

25.

先沿图 1 的虚线折叠，然后再沿图 2 的虚线折叠，最后沿图 3 的虚线折一下，并沿这条线剪一刀，就把"十"字形分成了 4 块相同的图形，把它们拼起来，就是一个正方形了。

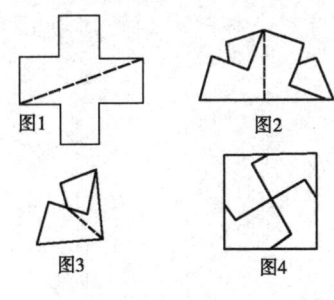

26.

沿虚线锯开。

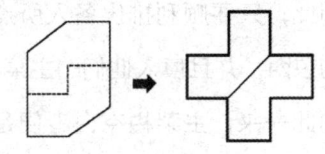

27.

如图：

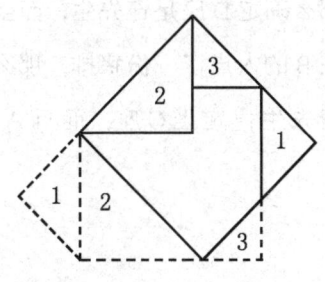

28.

答案如下图：

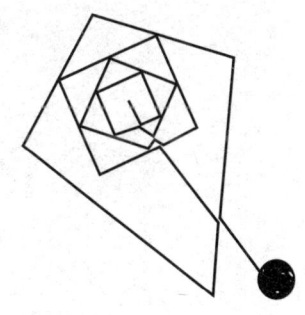

29.

坐在 C 处的萧先生点了牛排。破解此题的关键在于"邻座的人都点了不一样的东西"，因此，只要顺利排出各人所点的东西，并且填入他们的主菜，如此一来，主菜栏空白者便是点了牛排。李先生坐在A座，则连先生一定不是B、C座，那么确定D座是连先生，而坐在B的人点了一份猪排，那么萧先生肯定坐C座，而且A、D两人前文交代又点了鸡排和羊排，所以可以判定C座萧先生点的是牛排。

座位	人物	主菜	汤	饮料
A	李先生	鸡排	洋葱汤	冰咖啡
B	?	猪排	玉米浓汤	果汁
C	萧先生	?	玉米浓汤	热红茶
D	连先生	羊排	罗宋汤	冰咖啡

第四章
计算法

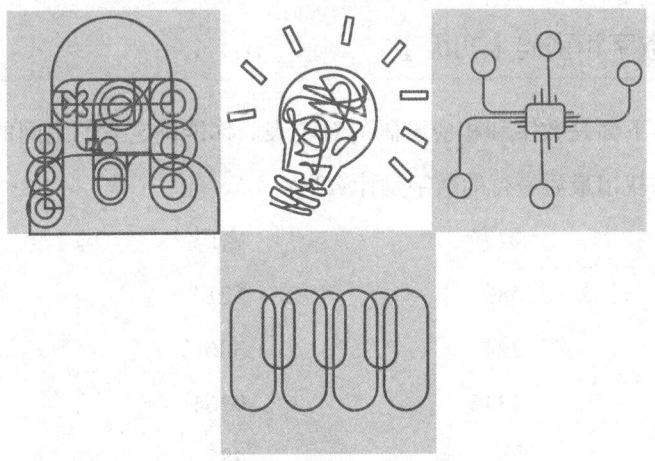

1. 巧妙连线【初级】

请你沿着图中的格子线，把圆圈中的数字两个两个地连起来，使两者之和为10。注意：连接线之间不能交叉或重叠。

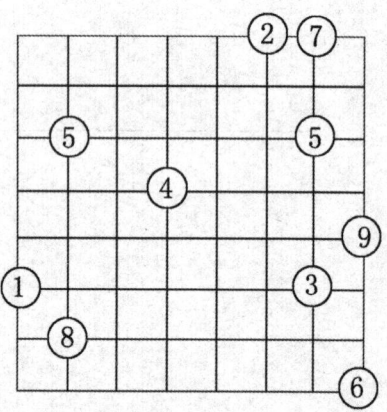

2. 数字和密码【初级】

下面是数字和相应密码的对应表。你能确定它们之间的关系并找出最后一行的数字是什么吗？

数字	密码
589	521
724	386
1346	9764
?	485

3. 书蛀虫【初级】

"贪婪的书蛀虫"游戏很早就有了,而且非常有意思。书架上有一套思维游戏书,共3册。每册书的封面和封底各厚0.2厘米;不算封面和封底,每册书厚2厘米。现在,假如书蛀虫从第一册的第一页开始沿直线吃,那么,到第三册的最后一页需要走多远?

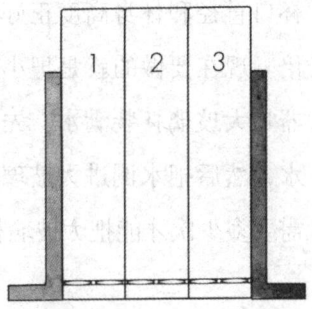

4. 几何(1)【初级】

这是一个很好玩的几何思维游戏,而且要比想象的简单。右图中,圆圈的中心点是O,∠AOC是90°,线段AB与线段OD线平行,线段OC长12厘米,线段CD长2厘米。你要做的是计算线段AC的长度。

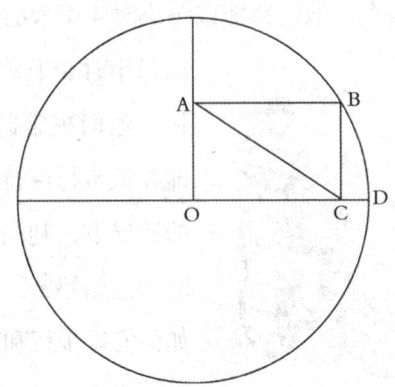

5. 细长玻璃杯【初级】

图中有两个细长玻璃杯。大玻璃杯的杯口直径和杯身高度正好是小玻璃杯的2倍。现在要做的就是把小玻璃杯当作度量器将大玻璃杯装满水。先把小玻璃杯装满水,然后把水倒进大玻璃杯。那么,我们需要多少次才能把大玻璃杯装满水?

6. 自行车【初级】

这个故事发生在自行车刚刚出现的时候。一天,有2名年轻的骑车人,贝蒂和纳丁·帕克斯特准备骑车到20千米外的乡村看望姑妈。当走过4千米的时候,贝蒂的自行车出了问题,她不得不把车子用链子拴在树上。由于很着急,他们决定继续尽快向前走。她们有2种选择:要么2人都步行;要么1个人步行,1个人骑车。他们都能以每小时4千米的速度步行或者以每小时8千米的速度骑车前进。他们决定制订一个计划,即在把步行保持在最短的距离的情况下,利用最短的时间同时到达姑妈家。那么,他们是如何安排步行和骑车的呢?

7. 钱包【初级】

有一天,威拉德·古特罗克斯先生急匆匆地跑进警察局,大喊自己的钱包被盗了。

"现在要镇静,古特罗克斯先生,"安德森警察说,"有人刚刚交还了一个钱包,也许是你丢的,你能把里面的东西描述一下吗?"

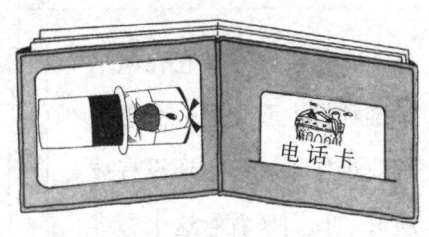

"好的,"威拉德回答说,"里面有一张菲尔兹的照片以及电话卡。哦,对了,还有320元,共8张钞票,而且没有10元的钞票。"

"完全吻合,古特罗克斯先生。给,这是你的钱包。"

那么,你知道他钱包里有哪8张钞票相加之后正好是320元吗?

8. 卖车【初级】

"啊,达芙妮,今天我终于把那辆破车卖掉了。原来我标价1 100元,可没有人感兴趣,于是我把价钱降到880元,还是没有人感兴趣,我又把价钱下调到 704 元。最后，出于绝望，我再一次降价。今天一早，奥维尔·威尼萨普把它买走了。"那么，你能猜出他卖了多少钱吗？

9. 加法【初级】

熊爸爸好像被它在佩尔特维利报上看到的一个思维游戏难住了。趁它还没有被烦透，我们来看看这个思维游戏吧：

右图所示的一行数字相加之后正好等于 45。那么，你能否将其中一个加号改为乘号，使这个算式的结果变成 100 呢？

"嗯……$1+2+3+4+5+6+7+8+9=45$"

10. 机器人【初级】

世界上的许多超现实的梦想都源自这个机器人思维游戏。图中的机器人的不同部位已经用 1 到 12 这几个数字标注。由于某种奇怪的原因，他无法离开这个超自然的行星，除非他身上的数字可以以 7 种不同的方式重新排列，并使由 4 个数字组成

的各行各列相加的结果都是 26。其中包括水平的两列数字、垂直的两列数字、4 个中间的数字、胳膊上的 4 个数字以及脖子和腿上的 4 个数字。你知道怎样让他离开吗？

11. 五行打油诗【初级】

有种思维游戏叫作五行打油诗。人们总是对这种类型的思维游戏充满期待。下面我们就来看看其中一个。这道题要求读者把一个只包括 1 和 3 的 8 个数重新排列，使它们最后组成的数学表达式的结果等于 100 万。那么，你准备好笔和纸了吗？

"以前有一个卡斯蒂利亚人，他虽然十分鲁莽，但他却能把一个十分富有的西西里岛人赌赢了。"

"他可以把一个包含 1 和 3 的 8 个数轻而易举地排列，并使它们的结果等于 100 万！"

12. 破解密码算式【中级】

图中是一道算式，数字被人用英文密码隐藏了。隐藏了的数字构成了一个奇特的式子。请你运用智慧来想出每个字母代表的数字是什么。

```
  VEXATIBN
×        V
----------
  EEEEEEEE
```

13. 剩余的页数【中级】

共计100页的书，其中的第20～25页脱落了，请问剩下的书还有多少页呢？

14. 计算闯关【中级】

A为B设计了一道游戏题，如右图所示。要求是由出发点开始，经过每一关时，从＋、−、×、÷中选一个符号，对相邻的两个数字进行运算，使到达目的地时，答案恰好是1。B想了半天，也不知道该怎么前进。你知道该怎样过关吗？

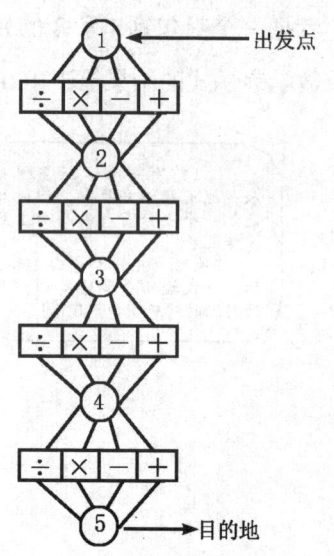

15. 链子【中级】

一个人有6条链子，他想把它们连成一条有29个环的链子。他去问铁匠这个需要花费多少钱。铁匠告诉他打开一个环要花1元，而要把它焊接在一起则要花5角。请问，做这条链子最少要花多少钱？

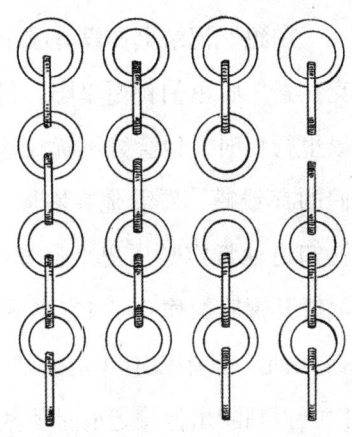

16. 动物【中级】

这是一个有关管理员的游戏，它来自非洲的肯尼亚。有个管理员决定计算一下公园里的狮子和鸵鸟的数量。出于某种原因，他是通过计算这些动物的头和腿的数目来统计动物数量的。最后，他算出一共有35个头和78条腿。那么，你知道公园里分别有多少狮子和鸵鸟吗？

17. 保险箱【中级】

在犯罪记录上,没有哪个贼比纳库克拉斯·哈里伯顿更卑鄙。当他到别人家里行窃时,他会毫不犹豫地去偷孩子们的存钱罐。看着他在右图中的样子,就知道他肯定是历史上最矮的小偷了。他撬开保险箱偷走了 125 枚硬币,一共有 70 元。其中没有 1 角的硬币。那么,你能否判断出他偷走的是哪些硬币,而每枚硬币的面值又是多少吗?

18. 数字【中级】

让我们来看看你是否有资格在润滑油补给站获得这份免费赠品。你所要做的就是将下图中数学表达式里的字母用数字代替,相同的数字必须代替相同的字母。竞赛的时限是 1 个小时。祝你好运!

解决了这个题,你就可以在汽车销售站免费获得润滑油!

19. 长角的蜥蜴【中级】

伯沙撒是我们镇上的自然博物馆从某个地方得到的一只长角的蜥蜴，它十分神奇。工作人员特意把它放在爬行动物观赏大厅新建的一个圆形有顶的窝里。刚放下，伯沙撒就马上开始考察它的新领地了。从门口开始，它向北爬行了4米到达圆的边缘，然后，它急忙转身向东爬行了3米，这时它又到达了围栏边。那么，你能否根据这些信息计算出它这个窝的直径呢？

20. 车厢【中级】

小时候，爸爸给我买了一列玩具火车作为我的生日礼物。除了火车配备的车厢之外，他又花了20元买了另外20个车厢。乘客车厢每个4元，货物车厢每个0.5元，煤炭车厢每个0.25元。那么，你能否计算出这几种类型的车厢各有几个？

21. 开商店【中级】

哈丽和桃瑞斯正在做开商店游戏。哈丽花了 3.1 元从桃瑞斯那里买了 3 罐草莓酱和 4 罐桃酱。那么，你能根据上面说的情况计算出每罐草莓酱和每罐桃酱的价钱吗？

22. 铁圈枪【中级】

铁圈枪游戏以前曾经是最棒的娱乐方式之一，而且，这个游戏也花不了多少钱。这里我们看到的是奈德·索尔索特赢得的又一场比赛，对手是她的妹妹和威姆威尔勒家的男孩子们。奈德将 25 个铁圈打进靶槽里，且每个靶槽均有得分，一共得到 500 分。共有 4 个靶槽，每个槽内的分值分别为 10，20，50，100。那么，你能算出奈德在每个靶槽内打进的铁圈数吗？

 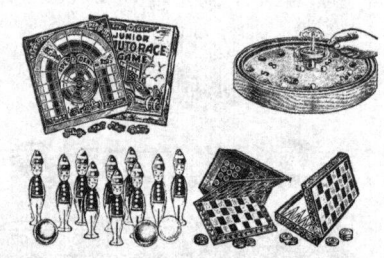

23. 灵长类动物【中级】

现在是动物园的午餐时间,我们在灵长类动物的观看亭所听到的叫声是它们在抢香蕉的声音。管理员每天都会分给这 100 只灵长类动物 100 根香蕉。每只大猩猩有 3 根香蕉,每只猿有 2 根香蕉,而狐猴因为最小只有半根香蕉。

你能否根据上面所给出的信息计算出动物园里的大猩猩、猿、狐猴各有多少只?

24. 面粉【中级】

当塞·科恩克利伯核对自己的补给品时,他在面布袋上发现了一些有趣的东西。面布袋每 3 个放在一层,共有 9 个布袋,上面分别标有从 1 到 9 这几个数字。在第一层和第三层,都是一个布袋与另外两个布袋分开放,

而中间那层的3个布袋则被放在一起。如果他将单个布袋的数字（7）乘以与之相邻的两个布袋的数字（28）得到196，也就是中间3个布袋上的数字。然而，如果他将第三层的两个数字相乘，则得到170。

塞于是想出来一道题：你能否尽可能少地移动布袋，使得上、下两层上的每一对布袋上的数字与各自单个布袋上的数字相乘的结果都等于中间3个布袋上的数字呢？

25. 排列数字【中级】

这纯粹是一道数字题。你能将图表中的17个数字重新排列，使排列之后的每一条直线上的数字相加之和都等于55吗？

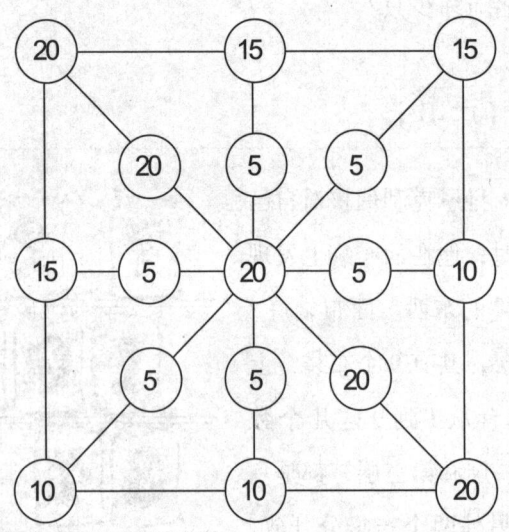

26. 幻方游戏【中级】

这位绅士正在解答一道设有奖项的幻方思维游戏。要解决这道题，需要将所有方格内的 × 换成数字，并使每一列、每一行以及两条对角线的数字相加的和都等于 34。只能使用 1 到 16 之间的数字，而且，每个数字只能使用一次。

27. 轮船【中级】

巨轮出现在蒸汽运用的鼎盛时期，而纽约港便成了它们的停泊地之一。一天，有 3 艘轮船驶出纽约湾海峡并驶向英国的朴次茅斯。第一艘轮船 12 天后从朴次茅斯返回，第二艘轮船用了 16 天完成了航行，而第三艘轮船用了 20 天才回到纽约港。因为轮船在港内的恢复时间是 12 个小时，所以轮船抵港的日期就是它们返航的日期。那么，需要

多少天这3艘轮船才能再次同一天驶出纽约港,同时,在这期间每一艘轮船将会航行多少次?

28. 圆圈【中级】

在解答这道题之前,你也许会发现自己在"看圆圈"。右图是7个相互交叉的圆圈,也就有14个有限区域。现在,请你把图中的字母用1到14的数字代替,使每一个圆圈内的数字相加的和等于21,注意,数字不能重复。

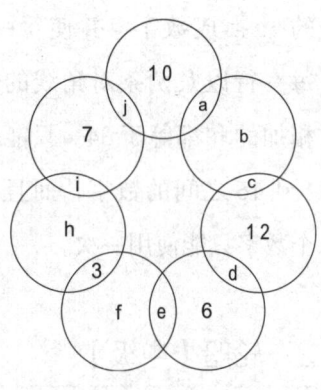

29. 台球【中级】

"莱克斯福德,谁把第7个球打进横袋谁就获胜!"

我们看到的是库申斯·哈利布尔顿即将打进制胜一球,他随后获得了1903年曼哈顿花式台球锦标赛的冠军。5轮之后,他共打进了100个球,而每轮他都要比前一轮多打进6个球。那么,你能否计算出他5轮中的各轮进球数吗?

30. 天文【中级】

威拉德·斯达芬德在观看自己最新的发现。他发现太阳系中的6个恒星是在3个重叠的轨道上旋转的,他在它们会聚在一点产生超新星之前很快给

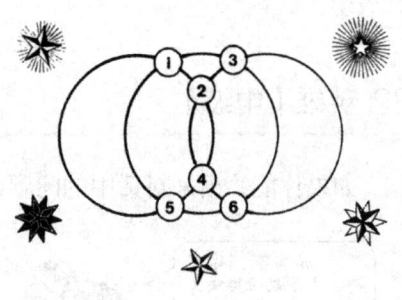

它们起了名字。威拉德把这几个恒星从1到6标上号,这样就组成一个恒星思维游戏。那么,你能否重新给这几个恒星标号,使每个轨道上的4个恒星相加的和是14呢?

31. 数学题【中级】

普里西拉·孙珊女士今天做我们的代课老师,她很严厉,可得当心啊。

"同学们,我上次站在这里已是好几个星期之前了。这样吧,我给大家出一道题:把黑板上的这8个数字分成两组,每组各有4个数字,将每组的4个数字排列组合成2个

数并相加,而两组相加的结果必须一致。谁能把这道题解答出来呢?"

32. 英雄【中级】

如果你能答出来对话中的问题,那么,你也是英雄。

"弗雷斯,你赢得了年度思维游戏大赛的冠军,你是我心目中的英雄!"

"埃尔利达,那个太简单了。我需要做的只是将数字1、2、3、4、5、6、7、8、9按照某种方式排列,使它们相加之后的总数为99 999。这做起来简直就是小菜一碟。"

33. 神秘的正方形【中级】

让我们抽时间来解决另一个有趣而又神秘的正方形思维游戏吧。你所要做的就是将下图中正方形里的数字重新排列,使每个水平方向、垂直方向以及对角线上的数字相加的结果为33。希望你用大约5分钟的时间把答案推测出来。

34. 几何（2）【中级】

教授现在陷入了困境。他忘记了图中题的答案，离上课只剩下 5 分钟了！线段 BD 和 GD 已经画在虚构的立方体的两个面上。两条线段相交于 D 点。那么，你能否帮教授计算出这两条对角线之间的角度呢？

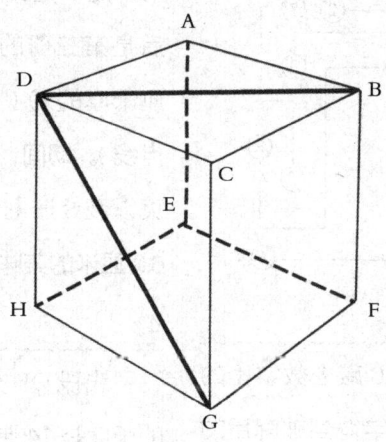

答 案

1.

连接如图。

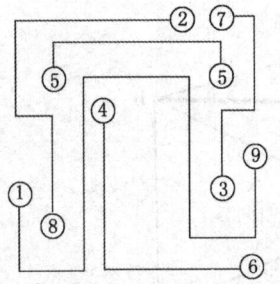

2.

625。用10减去数字里的每位数上的数字得到破解后的数字。

3.

书虫一共走了6.8厘米。书虫如果要从第一册第一页开始向右侧的第三册推进的话,第一件事情就是先从第一册的书开始破坏,接着是第一册的封底、第二册的封面、第二册书,之后是第二册的封底,然后是第三册的封面,最后是2厘米厚的书(即思维游戏的终点线)。期间,一共经过4个封页以及3册书的厚度,享用了6.8厘米的美味。

4.

线段OD是圆的半径,它的长度是14厘米。图形ABCO是个长方形,它与圆的中心以及圆边都相交。因此,线段OB(即圆的半径)的长度为14厘米。因为长方形的两个对角线的长度都相等,所以,线段AC与线段OB的长度相等,即

14 厘米。

5.

如果用小玻璃杯的话，我们需要倒 8 次才能把大玻璃杯装满水。因为大玻璃杯的杯身直径和高度是小玻璃杯的 2 倍，所以它的体积就是小玻璃杯的体积乘以 8。比如，我们拿一个 1 厘米 ×1 厘米 ×1 厘米的立方体举例，它的体积为 1 立方厘米；那么，大玻璃杯的体积，即 2 厘米 ×2 厘米 ×2 厘米，这时它的体积就是 8 立方厘米。

6.

贝蒂骑 1 个小时的自行车后把自行车放在路边，并继续步行 2 个小时，行走 8 千米后到达她的姑妈家；纳丁步行 2 个小时后到达放自行车的地方，然后骑 1 个小时的自行车，这样他就能和贝蒂同时在最短的时间到达姑妈家。

7.

钱包里有 2 张 50 元的钞票、2 张 100 元的钞票、4 张 5 元的钞票。

8.

车主每次都在前一次价格的基础上降价 20%，所以，最后的售价是 563.20 元。

9.

答案如下：

$1 + 2 + 3 + 4 + 5 + 6 + 7 + 8 \times 9 = 100$

10.

答案中的一种如图所示：

	8	11	
9	10	6	1
12	3	7	4
	5	2	

11.

这道题有多种解法，下面是其中的一种解法：

333333×3+1 = 1000000

12.

如图：

```
  98765432
×        9
----------
 888888888
```

13.

92页。从第20～25页共有6页，那么从100里减去6就是94页……那就错了。纸是有正反两面的，所以不可能只脱落其中的一面。既然第20页脱落了，那么第19页也必定脱落。同理第25页脱落了，那么背面的第26页也必然随之脱落。综上所述，应该是从第19～26页共计8页脱落了。即：100-8=92。

14.

如图：

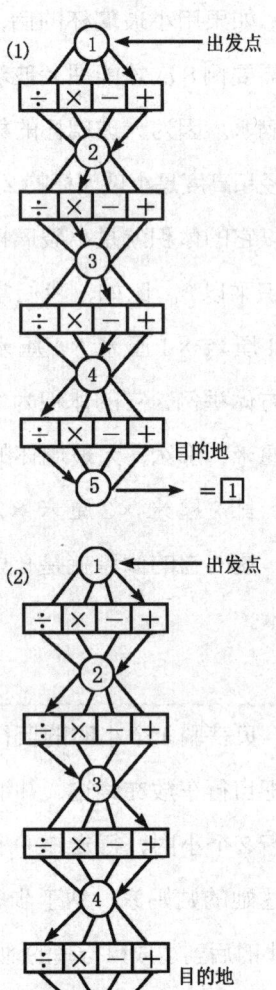

15.

把那条带 4 个环的链子拿出来,将上面的 4 个环都打开,这样会花费 4 元。接着,利用这 4 个环把剩余的 5 条链子连在一起;然后,把这 4 个环焊接在一起,这会花费 2 元。所以,一条 29 个节的链子一共会花费 6 元。

16.

公园里有 4 只狮子、31 只鸵鸟。以下是解题的方法:因为他算出有 35 个头,所以,最少有 70 条腿。但是,他算出一共有 78 条腿,也就是比最少的数多了 8 条腿,因此,多出的 8 条腿必定是狮子的。8 除以 2 便是四条腿的动物的数量。这样,狮子的数量是 4。

17.

比纳库克拉斯偷走了 60 枚 1 元硬币、15 枚 5 角硬币以及 50 枚 5 分硬币。

18.

答案如下:

解题步骤:(1)因为第一个值与除数相同,所以,商的第一个值就是 1;(2)根据第二次减运算,可用得知字母 E 肯定是 0,因为字母 FC 原封不动地放在了下面;(3)字母 FEE 所代表的数字就是 100,而这正是字母 AB 与第二个值的乘积,除数不可以是 0,所以当一个两位数和一个一位数相乘能够得出 100 的只有 25,因此,商的第二个值就是 4;(4)在第一次减运算中,字母 GH 与 25 的差是 11,所以,字母 GH 肯定是 36;(5)这最后一个字母 C 就是 7,8 或者 9。如果你每一个都试一试,那么,你很快就可以发现只有 7 最合适。

$$\begin{array}{r}147\\25{\overline{\smash{\big)}\,3675}}\\\underline{25}\\117\\\underline{100}\\175\\\underline{175}\end{array}$$

19.

这只蜥蜴爬行时正好是一个直角三角形。如果一个直角三角形的三个点都与一个圆的边相接触，那么，这个直角三角形的长边，即斜边就等于这个圆的直径。所以，圆（窝）的直径就是5米（直角三角形的斜边的平方等于两条直角边的平方和，即 $4^2 + 3^2 = 25$，25的平方根等于5）。

20.

乘客车厢每个4元，买了3个（共12元）；货物车厢每个0.5元，买了15个（共7.5元）；煤炭车厢每个0.25元，买了2个（共0.5元）。这些费用加起来就是 12+7.5+0.5=20。

21.

其中的一个答案为：草莓酱每罐0.5元，而桃酱每罐0.4元。在原先的交易中，3罐草莓酱花费1.5元，而4罐桃酱则花费1.6元，这样，一共花费了3.1元。

22.

奈德的得分如下：10分靶槽内有14个铁圈，共得分140；20分靶槽内有8个铁圈，共得分160；50分靶槽内有2个铁圈，共得分100；100分靶槽内有1个铁圈，得分100。这样，140 + 160 + 100 + 100 = 500。

23.

动物园里有5只大猩猩、25只猿以及70只狐猴。

24.

在第一层，将布袋（7）和（2）交换，这样就得到单个布袋数字（2）和两位数字（78），两个数相乘结果为156。接着，把第三行的单个布袋（5）与中间那行的布袋（9）交换，这样，中间那行数字就是156。然后，将布袋（9）与第三行两位数中的布袋（4）交换，这样，布袋（4）移到右边成为单个布袋。这时，第三行的数字为（39）和（4），相乘的结果为156。总共移动了5步就把这道题完成了。

25.

答案如下图：

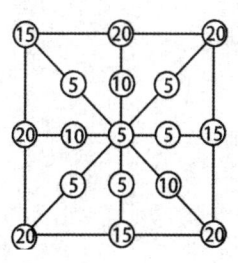

26.

答案如下图：

16	3	2	13
5	10	11	8
9	6	7	12
4	15	14	1

27.

这3艘轮船下次同一天驶出纽约港需要等到240天以后。因为240是12、16、20的最小公倍数，在这期间3艘轮船都可以完成航行。至于这段时间每一艘轮船所航行的次数，可以按以下方式计算。

第一艘轮船：240÷12 = 20次；

第二艘轮船：240÷16 = 15次；

第三艘轮船：240÷20 = 12次。

28.

将字母用以下数字来代替：

a = 2, b = 11, c = 8, d = 1, e = 14, f = 4, h = 13, i = 5, j = 9。

29.

他这5轮中，每轮分别打进了8，14，20，26，32个球。

30.

答案如下：

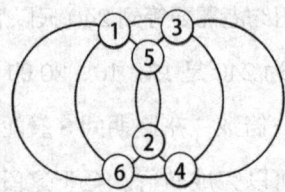

31.

答案如下：

```
  173          85
+   4        + 92
-----        ----
  177         177
```

32.

答案如下：

```
  98765
+  1234
-------
  99999
```

33.

答案如下：

20	1	12
3	11	19
10	21	2

34.

线段BD、DG和GB构成一个等边三角形。因此，线段BD和DG之间的角度是60°。

第五章
类比法

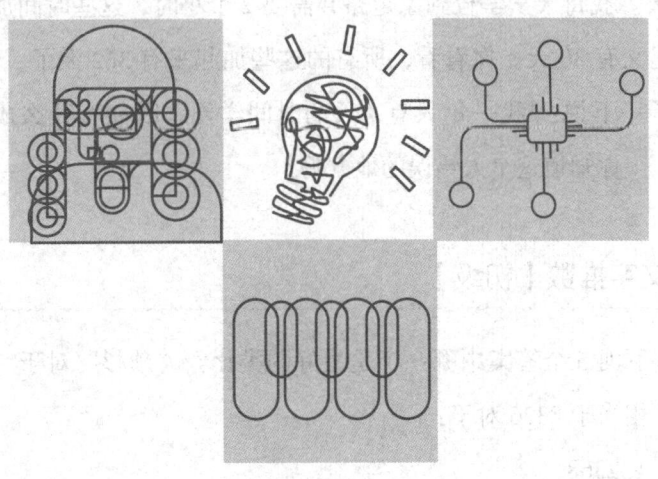

1. 真的没有时间吗【初级】

一个人经常抱怨没有学习时间。有一次他又对朋友说:"你知道吗?我的时间太紧张了,以至于我没有学习的时间。你看,我每天要睡 8 个小时,这样一年的睡眠时间就是 122 天。我们寒假和暑假加起来又有 60 天。我们每星期休息 2 天,那么一年又要休息 104 天。我每天吃饭还要 3 个小时,那么一年就需要 46 天。我每天从学校到家走路共需要 2 个小时,这些时间加在一起又有 30 天。你看看,所有的这些加起来有 362 天了。"他停了一下说:"我一年只有 4 天的时间学习,哪能有什么成绩呢!"你知道这个人错误的地方吗?

2. 文字推数【初级】

下面 5 个答案中哪一个是最好的类比?"预杉"对于"须杧"相当于 8326 对于:

A. 2368

B. 6283

C. 2683

D. 6328

E. 3628

3. 碑铭【初级】

斯皮尔牧师在去做晚祷的路上碰到了下图中的墓碑,而碑铭中的某些东西让他很烦恼。他思考了一会儿发现里面有个错误。那么,你能否找出牧师发现的那个错误呢?

悼念该教区的爱德华·方丹先生,他于1823年10月28日逝世,享年66岁;同时,也悼念莎拉·方丹太太,方丹先生的寡妇,她于1812年9月23日逝世,享年82岁。

4. 单词【初级】

下图中的8个单词有什么共同点呢?

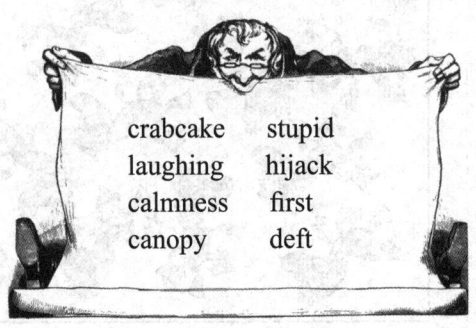

crabcake   stupid
laughing   hijack
calmness   first
canopy   deft

5. 长袜【初级】

虽然罗杰爵士过分讲究衣饰，但他曾被称作出色的剑客。虽然他的击剑决斗生涯充满波折，但他总会为决斗好好打扮一番。一天早晨，当他再次为决斗装扮自己时，他要找一双长袜。他知道衣柜底下的抽屉里有10双白色长袜和10双灰色长袜。但是，由于衣柜顶上只有一根蜡烛，光线太暗，以至于他无法辨认哪个是白色哪个是灰色。那么，你认为他最少从抽屉里拿出几只袜子便可以在外边光亮处找到并穿上颜色搭配的一双袜子呢？

6. 一样的小马【初级】

下边方框内的哪一个图形与给定的图形完全相同？

7. 成才与独生【中级】

一项研究报告表明,在具有高级职称的科技人员中,在兄弟姐妹中排行老大的占48%,排行老二的占33%,排行老三的占15%,其余排行的占2%。由此我们可以得出下列哪一个结论?

A. 排行老大的一般都能成才

B. "成才"的科技人员多数是独生子女

C. "成才"的可能性与其在兄弟姐妹中排行次序无关

D. 在兄弟姐妹中排行越大,"成才"的可能性越大

8. 最适合【初级】

图中标注问号的地方应该填上一列数字,从下列选项中选出合适的填上去。

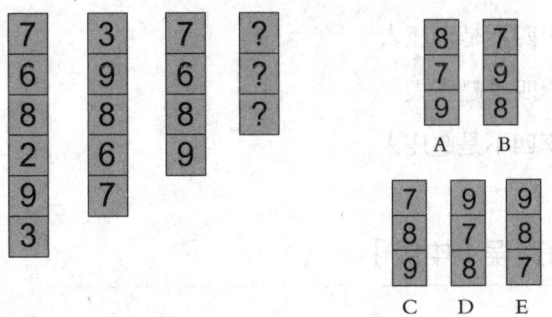

9. 假设【中级】

所有的物质实体都可以再分,而任何可以再分的东西都是

不完美的。因而，灵魂并非物质实体。以下哪项是使上文结论成立的假设？

　　A. 所有可以再分的东西都是物质实体

　　B. 没有任何不完美的东西是不可再分的（所有完美的东西是不可再分的）

　　C. 灵魂是可分的

　　D. 灵魂是完美的

10. 哪里人【中级】

　　所有的赵庄人穿白衣服；所有的李庄人穿黑衣服。没有既穿白衣服又穿黑衣服的人。李四穿黑衣服。如果上述是真的，以下哪项一定是真的？

　　A. 李四是李庄人

　　B. 李四不是李庄人

　　C. 李四是赵庄人

　　D. 李四不是赵庄人

11. 判断正误【中级】

　　下面的3个论断中，有一个是正确的，你知道是哪个吗？

　　1. 这里正确的论断有一个

　　2. 这里正确的论断有两个

3. 这里正确的论断有三个

同样，下面的三个论断中，也只有一个正确，请选择出来。

1. 这里错误的论断有一个
2. 这里错误的论断有两个
3. 这里错误的论断有三个

12. 挽救熊猫的方法【中级】

为了挽救濒临灭绝的熊猫，一种有效的方法是把它们都捕获到动物园进行人工饲养和繁殖。以下哪项为真，最能对上述结论提出质疑？

　　A. 近5年在全世界各动物园中出生的熊猫总数是9只，而在野生自然环境中出生的熊猫的数字，不可能准确地获得

　　B. 只有在熊猫生活的自然环境中，才有足够它们吃的嫩竹，而嫩竹几乎是熊猫的唯一食物

　　C. 动物学家警告，对野生动物的人工饲养将会改变它们的某些遗传特性

　　D. 提出上述观点的是一个动物园主，他的动议带有明显的商业动机

13. 犯罪嫌疑人【中级】

　　某珠宝店被盗，警方已发现如下线索：(1) 甲、乙、丙3

人中至少有一个人是犯罪嫌疑人。(2)如果甲是犯罪嫌疑人，则乙一定是同案犯。(3)盗窃发生时，乙正在咖啡店喝咖啡。谁是嫌疑人呢？

  A. 甲是犯罪嫌疑人

  B. 甲、乙都是犯罪嫌疑人

  C. 甲、乙、丙都是犯罪嫌疑人

  D. 丙是犯罪嫌疑人

14. 百米冠军【中级】

  田径场上正在进行100米决赛。参加决赛的是A、B、C、D、E、F等6个人。关于谁会得冠军，看台上甲、乙、丙谈了自己的看法：乙认为冠军不是A就是B。丙坚信冠军绝不是C。甲则认为D，E，F都不可能取得冠军。比赛结束后，人们发现他们3个中只有一个人的看法是正确的。请问谁是100米决赛冠军？

15. 堆积（1）【中级】

  下面的砖堆并不是孩子们玩耍时随意堆砌的，而是暗示了右边空白砖堆的最终结果。和其他砖堆一样，空白的一堆内有6块砖，每块上标有字母A、B、C、D、E、F中的一个，且各不相同。砖堆下面的数字告诉你两个信息：

1. 每堆内符合以下条件的砖对数：这堆中相邻的砖对在结果中仍相邻且顺序相同。

2. 每堆内符合以下条件的砖对数：这堆中相邻的砖对在结果中仍相邻，但顺序颠倒。

如：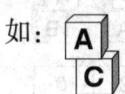

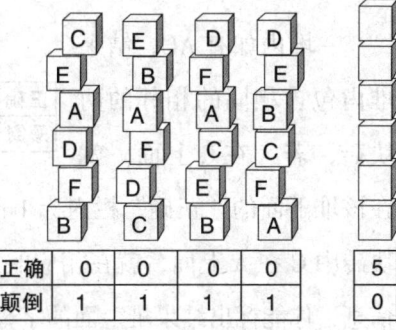

| 正确 | 0 | 0 | 0 | 0 | 5 |
| 颠倒 | 1 | 1 | 1 | 1 | 0 |

一堆内如有 AC，结果堆内包含相同的相邻的两块砖，若 A 在 C 上面，就在该堆下面的"正确"栏内标 1；相反，如果结果堆内相邻两块砖中 C 在 A 上面，就在相应的"颠倒"栏内标 1，根据所给信息，你能标出结果堆上面的字母序列吗？

16. 堆积（2）【中级】

下面的砖堆并不是孩子们玩耍时随意堆砌的，而是暗示了右边空白砖堆的最终结果。和其他砖堆一样，空白的一堆内有 6 块砖，每块上标有字母 A、B、C、D、E、F 中的一个，且各不相同。砖堆下面的数字告诉你两个信息：

1. 每堆内符合以下条件的砖对数：这堆中相邻的砖对在结果中仍相邻且顺序相同。

2. 每堆内符合以下条件的砖对数：这堆中相邻的砖对在结

果中仍相邻，但顺序颠倒。

如：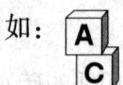

一堆内如有 AC，结果堆内包含相同的相邻的两块砖，若 A 在 C 上面，就在该堆下面的"正确"栏内标 1；相反，如果结果堆内相邻两块砖中 C 在 A 上面，就在相应的"颠倒"栏内标 1。根据所给信息，你能标出结果堆上面的字母序列吗？

正确	0	0	2	0	5
颠倒	2	1	0	0	0

17. 堆积（3）【中级】

下面的砖堆并不是孩子们玩耍时随意堆砌的，而是暗示了右边空白砖堆的最终结果。和其他砖堆一样，空白的一堆内有 6 块砖，每块上标有字母 A、B、C、D、E、F 中的一个，且各不相同。砖堆下面的数字告诉你两个信息：

1. 每堆内符合以下条件的砖对数：这堆中相邻的砖对在结果中仍相邻，且顺序相同。

2. 每堆内符合以下条件的砖对数：这堆中相邻的砖对在结果中仍相邻，但顺序颠倒。

如：

一堆内如有 AC，结果堆内包含相同的相邻的两块砖，若 A 在 C 上面，就在该堆下面的"正确"栏内标 1；相反，如果结果堆内相邻两块砖中 C 在

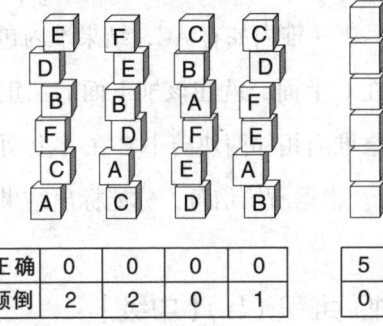

A 上面，就在相应的"颠倒"栏内标 1。根据所给信息，你能标出结果堆上面的字母序列吗？

18. 堆积（4）【中级】

下面的砖堆并不是孩子们玩耍时随意堆砌的，而是暗示了右边空白砖堆的最终结果。和其他砖堆一样，空白的一堆内有 6 块砖，每块上标有字母 A、B、C、D、E、F 中的一个，且各不相同。砖堆下面的数字告诉你两个信息：

1. 每堆内符合以下条件的砖对数：这堆中相邻的砖对在结果中仍相邻，且顺序相同。

2. 每堆内符合以下条件的砖对数：这堆中相邻的砖对在结果中仍相邻，但顺序颠倒。

如：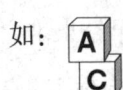

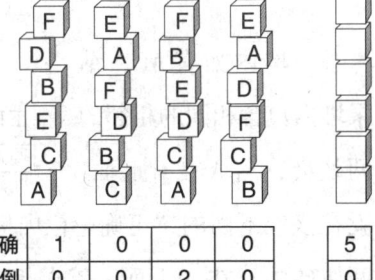

第五章 类比法 119

一堆内如有 AC，结果堆内包含相同的相邻的两块砖，若 A 在 C 上面，就在该堆下面的"正确"栏内标 1，相反；如果结果堆内相邻两块砖中 C 在 A 上面，就在相应的"颠倒"栏内标 1。根据所给信息，你能标出结果堆上面的字母序列吗？

19. 堆积（5）【中级】

下面的砖堆并不是孩子们玩耍时随意堆砌的，而是暗示了右边空白砖堆的最终结果。和其他砖堆一样，空白的一堆内有 6 块砖，每块上标有字母 A、B、C、D、E、F 中的一个，且各不相同。砖堆下面的数字告诉你两个信息：

1. 每堆内符合以下条件的砖对数：这堆中相邻的砖对在结果中仍相邻，且顺序相同。

2. 每堆内符合以下条件的砖对数：这堆中相邻的砖对在结果中仍相邻，但顺序颠倒。

如：

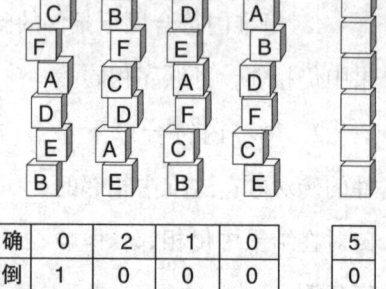

| 正确 | 0 | 2 | 1 | 0 | 5 |
| 颠倒 | 1 | 0 | 0 | 0 | 0 |

一堆内如有 AC，结果堆内包含相同的相邻的两块砖，若 A 在 C 上面，就在该堆下面的"正确"栏内标 1；相反，如果结果堆内相邻两块砖中 C 在 A 上面，就在相应的"颠倒"栏内标 1。根据所

给信息，你能标出结果堆上面的字母序列吗？

20. 堆积（6）【中级】

下面的砖堆并不是孩子们玩耍时随意堆砌的，而是暗示了右边空白砖堆的最终结果。和其他砖堆一样，空白的一堆内有6块砖，每块上标有字母A、B、C、D、E、F中的一个，且各不相同。砖堆下面的数字告诉你两个信息：

1. 每堆内符合以下条件的砖对数：这堆中相邻的砖对在结果中仍相邻，且顺序相同。

2. 每堆内符合以下条件的砖对数：这堆中相邻的砖对在结果中仍相邻，但顺序颠倒。

如：

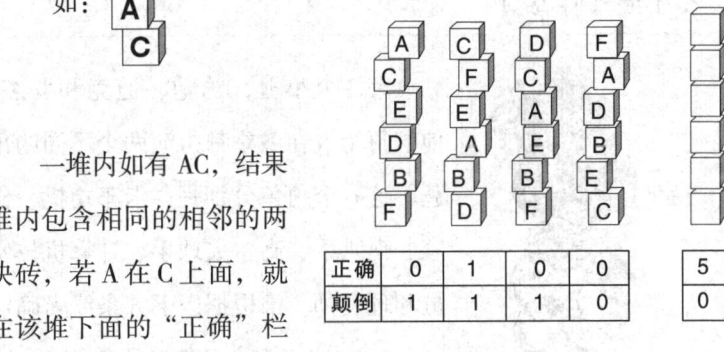

一堆内如有 AC，结果堆内包含相同的相邻的两块砖，若 A 在 C 上面，就在该堆下面的"正确"栏内标 1；相反，如果结果堆相邻两块砖中 C 在 A 上面，就在相应的"颠倒"栏内标 1。根据所给的信息，你能标出结果堆上面的字母序列吗？

21. 巨型鱼【中级】

图中的渔夫上岸后肯定会把这个刻骨铭心的故事告诉给他的朋友们。好像他的祈祷真的应验了,那个庞然大物从他身边经过。那条鱼有多大呢?据他猜测,这条巨型鱼的头有60米长,它的尾巴是身体长度的一半与头的长度的总和,而它的身体又是整个长度的一半。那么,这个深水动物各部分的长度该如何计算呢?

22. 小丑【中级】

有3个小丑,约翰、迪克和罗杰,他们每个人在冬季都扮演两个不同的角色。这6个角色分别是:卡车司机、作家、喇叭手、高尔夫球手、计算机技术员和理发师。请根据以下6条线索确定这3个小丑各自的角色。

1. 卡车司机喜欢高尔夫球手的妹妹。
2. 喇叭手和计算机技术

员在和约翰骑马。

3. 卡车司机嘲笑喇叭手脚大。
4. 迪克从计算机技术员那里收到一盒巧克力。
5. 高尔夫球手从作家那里买了一辆二手汽车。
6. 罗杰吃比萨饼比迪克和高尔夫球手都要快。

23. 玩具【中级】

有一天，加尔文·克莱克特伯尔碰到了一些铁制的机械玩具收藏品，他因此大花了一笔。其中，包括自动倾卸卡车、蒸汽挖土机以及农用拖拉机。我们把他的发现编成了一道题。他买了下面4堆玩具：

第一堆有1辆拖拉机、3辆挖土机以及7辆卡车，它们花了140元。

第二堆有 1 辆拖拉机、4 辆挖土机以及 10 辆卡车，它们花了 170 元。

第三堆有 10 辆拖拉机、15 辆挖土机以及 25 辆卡车。

第四堆有 1 辆拖拉机、1 辆挖土机以及 1 辆卡车。

请计算出加尔文为第三堆和第四堆玩具分别花了多少钱。

24. 女巫【中级】

在万圣节前夕，有个醉醺醺的农民十分倒霉，他被一个恶毒的女巫抓住并被带到破烂的教堂里。"如果你想活命，你就只能说一句话！"她咆哮说，"如果你说对了，我会把你榨成油；如果说错了，我会把你喂蝙蝠！"这时，那个农民立刻清醒过来，然后说了一句话，而这句话却让女巫诅咒了他并且把他释放了。那么，那个农民说了什么呢？

25. 手表【中级】

克兰西三兄弟是纽约市古老的熨斗大楼里最出色的清洁工，

为了对他们的准时表示感谢，业主们送给他们每人一块儿卡兰德手表。但是，麻烦也随之而来。布莱恩那块表很准时，巴里那块表每天都慢 1 分钟，而帕特里克的表则每天都快 1 分钟。如果兄弟三人在收到手表的那天中午同时把手表调到

准确时间并且此后不再调整手表的话，那么这 3 块手表需要过多少天才能再次在中午显示正确时间呢？

26. 考古【中级】

霍金斯和皮特里这两位刚毅的考古学家又挖掘出一件古代文物。我们来听听他们说了什么：

"皮特里，我们终于发现了举世闻名的'斯芬克司思维游戏'墓碑，它都有 3 500 年的历史了！"

"我们？什么意思，"皮特里语无伦次地说，"别把我也扯进去！我不相信造金字塔的思维游戏大师会

把它写下来！"

这个墓碑当然是假的，但是这个思维游戏的确很有趣。看看你能不能在他们向别人打听之前把它解答出来。

27. 猜纸牌【中级】

下图中的迈克·米勒、琳达·凯恩和比夫·本宁顿正在思维游戏俱乐部的游戏室里玩。迈克刚刚把扑克牌正面朝下放好，现在他向他们挑战，让他们找出这些扑克牌的数值。欢迎读者朋友一起玩（为了表达清楚，假设读者看到的线索与扑克相一致）。

"这4张正面朝下的扑克是黑、红、梅、方4种花色的扑克，它们的数字是A、K、Q、J。下面有5条线索，它们会帮你确定每张扑克的花色和数字：
1. 扑克A在黑桃的右边。
2. 方块在扑克Q的左边。
3. 梅花在扑克Q的右边。
4. 红桃在扑克J的左边。
5. 黑桃在扑克J的右边。"

28. 朗姆酒【中级】

传说很久以前，有两个好朋友——比利·伯恩斯和派斯特·皮耶，他们在布奇特·奥布拉德烈酒商店大吵起来。好像是比利拿来一个 5 升的空桶，他让派斯特往里面倒 4 升最好的朗姆酒，但是商店只有一个旧的 3 升锡铅合金的小罐，无论比利和派斯特怎么试，他们都无法用这两个容器从朗姆酒桶里正好量出 4 升酒。他们屡屡受挫使他们大打出手。如果你当时在场的话，你能否解决他们之间的问题呢？

29. 埋伏地点【中级】

8 个士兵必须埋伏在森林中，并且他们每个人都不能看到其他的人。

如图，每个人都可以埋伏在网格中的白色小圆处，通过夜视镜只能看到横向、竖向或斜向直线上的东西。

请你在图中把这 8 个士兵的埋伏地点标出来。

30. 市议员【中级】

当尼德斯沃斯先生为格拉德汉德尔订制新衣服时,你可以计算一下这4位候选人各获得了多少张选票吗?

"恭喜您,格拉德汉德尔先生,我知道您现在是我们市的新议员!"

"是啊,尼德斯沃斯先生,最出色的人总是能够获胜。在5 219张选票当中,我的选票比墨菲多22张、比霍夫曼多30张、比唐吉菲尔德多73张!要是按这个速度,总有一天我会成为市长的!"

31. 最重的西瓜【高级】

7个大西瓜的重量(以整千克计算)是依次递增的,平均重量是7千克。最重的西瓜有多少千克?

32. 正确答案【高级】

有4道测试题（每个问题都用Y或N来回答），小兰、小朋、小乐3人是如下表那样回答的。

这道测试题中，每答对一个问题得1分，3人的分数各不相同。以下陈述中，最低分的人的话是假的。那么请问，怎么答题才能得满分呢？小兰："问题4的正确答案是N。"小朋："小兰只得了1分。"小乐："小朋只得了1分。"

	Q1	Q2	Q3	Q4
小兰	Y	Y	N	N
小朋	N	Y	Y	N
小乐	Y	N	Y	Y

33. 英语过级【高级】

有一次学校要统计一下英语四级过级的人数。中文专业共有学生32人。经过统计，可以有这么3个判断：

1. 中文专业有些学生过了英语四级。

2. 中文专业有些学生没有过英语四级。

3. 中文专业班长没有过英语四级。

如果只有一个判断是正确的，那么你可以判断出什么？

34. 背后的圆牌【高级】

A、B、C、D、E 共 5 人，每个人的背后都系着一块白色或黑色的圆牌。每个人都能看到系在别人背后的牌，但唯独看不见自己背后的那一块圆牌。如果某个人系的圆牌是白色的，他所讲的话就是真实的；如果系的圆牌是黑色的，他所讲的话就是假的。他们讲的话如下：

A 说："我看见 3 块白牌和一块黑牌。"

B 说："我看见 4 块黑牌。"

C 说："我看见一块白牌和 3 块黑牌。"

E 说："我看见 4 块白牌。"

根据以上情况，推出 D 的背后系的是什么颜色的牌。

35. 3 000 米决赛【高级】

世界田径锦标赛 3 000 米决赛中，始终跑在最前面的甲、乙、丙 3 人中，一个是美国选手，一个是德国选手，一个是肯尼亚选手。比赛结束后得知：

1. 甲的成绩比德国选手的成绩好。
2. 肯尼亚选手的成绩比乙的成绩差。
3. 丙称赞肯尼亚选手发挥出色。

以下哪一项肯定为真？

A. 甲、乙、丙依次为肯尼亚选手、德国选手和美国选手。

B. 肯尼亚选手是冠军，美国选手是亚军，德国选手是第三名。

C. 甲、乙、丙依次为肯尼亚选手、美国选手和德国选手。

D. 美国选手是冠军，德国选手是亚军，肯尼亚选手是第三名。

36. 黑白筹码【高级】

在 20 世纪 20 年代，出版了许多令人愉快的书，它们虽然价格很低，却能带来无限的乐趣。一本 5 角的书就可以让你学到有关魔术、思维游戏、国际象棋以及拳击的知识。这里就有一道从这些书当中找出来的有趣的题。

在一大张纸上画出 10 个表格（如下图所示）。然后，把 4 个白色扑克筹码和 4 个黑色扑克筹码放在前 8 个方格内，按照图中的样子，将各颜色的筹码交替放置。现在，要把筹码变成下图的顺序，在这个过程当中，每一次要将相邻的两个筹码移动到 2 个空方格内，而你只能通过 4 步来完成。

答 案

1.

　　这个人在计算时间的时候重复计算了很多的时间，比如说假期中的睡眠时间和吃饭时间，星期中的睡眠和吃饭时间，以及很多上学时走路的时间。

2.

　　D。予：8，页：3，木：2，彡：6

3.

　　根据碑铭上所说的，莎拉·方丹太太比她的丈夫先去世。如果是那样的话，她怎么会是寡妇呢？

4.

　　这8个单词的共同之处就是它们每个词当中都包含字母表中连续的3个字母。

5.

　　罗杰最少可以从抽屉里拿出3只袜子。如果前两只正好搭配，他不会有疑问；如果不搭配的话，那么第三只袜子必定与前两只袜子中的一只搭配。

6.

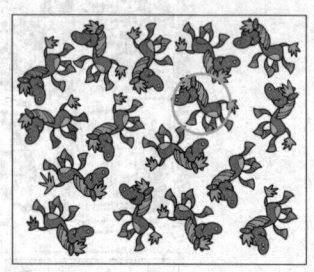

7.

　　D。

8.

E。每一竖行里的数字每次将被颠倒顺序，竖行里最小的数字将被去掉。

9.

正确答案为D。

10.

D。

11.

第一个题目中正确的是1；第二个题目中正确的是2。

12.

B。

13.

D。

14.

C。

15.

从上到下：C，A，B，F，E，D。

16.

从上到下：A，E，D，B，C，F。

17.

从上到下：A，D，C，F，B，E。

18.

从上到下：A，B，F，E，C，D。

19.

从上到下：D，A，C，B，F，E。

20.

从上到下：A、B、C、D、E、F

21.

这条鱼头长60米、尾巴长180米、身体长240米，鱼的总长度为480米。

22.

约翰扮演了高尔夫球手和

理发师；迪克扮演了喇叭手和作家；罗杰扮演了计算机技术员和卡车司机。

23.

加尔文为每辆拖拉机花了60元，为每辆挖土机花了15元，为每辆卡车花了5元。这样，第三堆玩具一共花了950元，第四堆玩具一共花了80元。

24.

他说的这句话是"你还是把我喂蝙蝠吧！"如果他说对的话，他会被榨成油；如果他说错的话，他会被喂蝙蝠。但是，找到正确的处罚却是不可能的，所以女巫的计划落败。

25.

如果这3块手表要再次在中午显示正确时间，那么，每天慢1分钟的那块表必须等到它慢24小时中的12个小时，而每天都快1分钟的那块表必须等到它快24小时中的12个小时。以每天1分钟的速度，那么这3块表要过整整720天才能再次在中午显示正确时间。

26.

这道题的答案与题本身一样，都有很长的历史了，即：人。当人是婴儿的时候，人四肢着地；壮年时，人用两条腿走路；年老时，人走路就需要拐杖帮忙了。

27.

这4张正面朝下的扑克牌从左到右依次是红桃K、方块J、黑桃Q、梅花A。

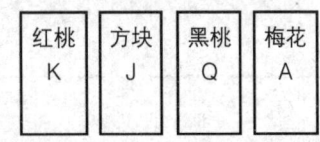

28.

下面就是派斯特·皮耶应该做的：

（1）将3升的罐子倒满酒，

然后，把酒倒入 5 升的桶中。

（2）将 3 升的罐子重新倒满酒，然后，再倒入 5 升的桶中，倒满为止。

（3）3 升的罐子这时剩下 1 升的酒。然后，把 5 升桶中的酒倒回朗姆酒桶，接着，把 3 升的罐子里剩下的 1 升酒倒进去。

（4）将 3 升的罐子重新倒满酒，然后倒入 5 升的桶内。这时，桶内正好有比利·伯恩斯想得到的 4 升酒，即他此次想要购买的酒。

29.

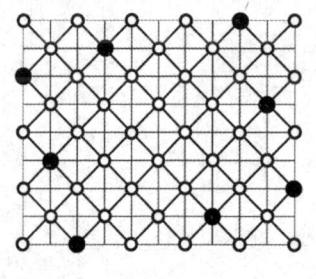

30.

格拉德汉德尔先生获得 1336 张选票；墨菲先生获得 1314 张选票，少了 22 张；霍夫曼先生获得 1306 张选票，少了 30 张；唐吉菲尔德先生获得 1263 张选票，少了 73 张，共 5219 张选票。

31.

13 千克

? ? ? 7 ? ? ?

1 3 5 7 9 11 13

32.

因为不存在同样分数的情况，所以小兰和小朋不可能都得 1 分，所以，小朋或者小乐有一个人撒谎了。假设小乐得了最低分的话，根据小朋的话（真实），小兰只得了 1 分，小乐比他还要低就是 0 分。就是说，4 个问题的正确答案应该是与小乐的答案相反，即"NYNN"，如此小兰则得了 3 分，这是相互矛盾的。所以，最低分的是小朋，根据小乐的话（真实），小朋应该得了1分。根据小兰的话（真实），小朋答对的题只有第四题。所以可知，正确答案就是"YNNN"。

33.

中文专业所有人都过了英语四级。

34.

白色圆牌。

35.

按条件②和③，肯尼亚选手不是乙也不是丙，一定是甲。

开始匹配：

美＞肯＞德

乙 甲 丙

正确选项是C。

36.

将2号和3号筹码移到方格9和10；将5号和6号筹码移到方格2和3；将8号和9号筹码移到方格5和6；将1号和2号筹码移到方格8和9。

第六章
分析法

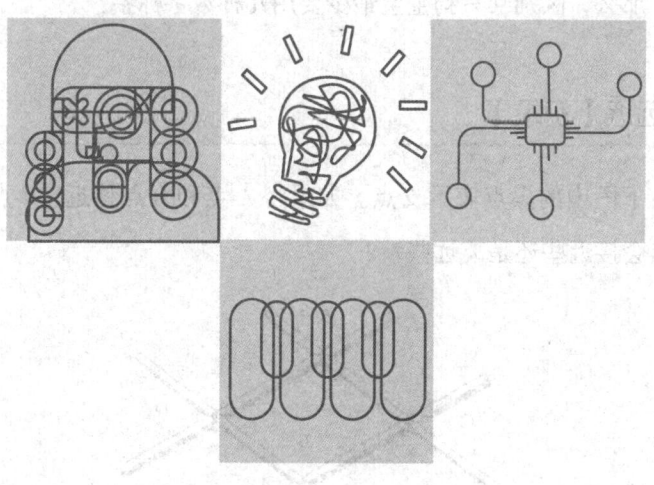

1. 标签怎样用【初级】

狗妈妈生了9只狗宝宝。

9只狗宝宝长得都很相像，分不出哪只是哪只。

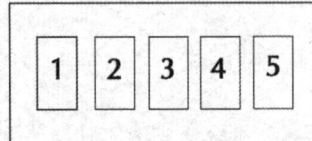

有10张带数字的标签，却只有1号到5号的5种。

那么，区别9只狗宝宝最少要用几种数字标签？

2. 远近【初级】

下图中的黑点表示支点。如果将A点和B点移近，C点和D点会接近些还是离远些？

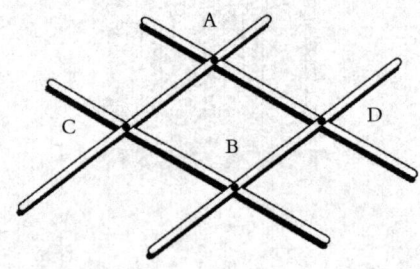

3. 图形变身【初级】

如果 A 变身为 B，那么 C 应变身为哪个呢？

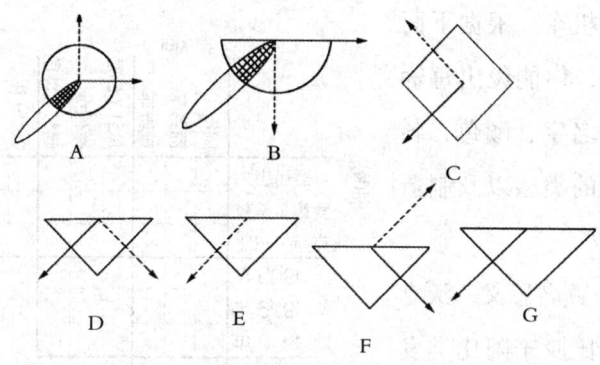

4. 理发【初级】

在一个小镇上，只有两个理发师，他们各开有一家理发店。一天，有个外地人路过此地，想理个发，但他又不知道这两个理发师谁的技术好一些。于是他便走进第一家理发店，发现这个理发师的头发七长八短。于是他又走进第二家理发店，发现这个理发师的头发整整齐齐。

这个外地人最终选择了哪位理发师？

5. 只动一点点【初级】

如图，请加上一支火柴棒，使等式成立。

6. 机车【初级】

在考伦喀斯特铁路展览馆里有 3 辆曾经服役于大盐格鲁人车站的机车。根据下面的信息，你能说出每辆机车的名字、颜色、各自所属的类型以及制造时间吗？

	类型			颜色			年份		
	阿比	商务车	越野车	深红/白色	橄榄绿	猩红/黄色	1909年	1926年	1942年
名字 亚历山大									
罗德·桑兹									
沃克斯·阿比									
1909年									
1926年									
1942年									
深红/白色									
橄榄绿									
猩红/黄色									

1. 顾名思义，沃克斯·阿比属于阿比类发动机。

2. 外面被漆成深红色和白色的亚历山大曾被应用于制造机载导弹，而亚历山大不是越野类发动机。

3. 罗德·桑兹不是那辆制造于 1942 年外表为橄榄绿的机车。

4. 越野类型的机车直到 1909 年以后才被设计出来。

7. 洗车工【初级】

为了赚些外快，比尔和他的两个朋友约定每个人清洗一辆邻居的车。根据下面的信息，你能找出他们各自为谁洗车、车的品牌及颜色吗？

1. 比尔清洗了一辆红色的车，但不是福特车。

2. 派恩先生的车是蓝色的。

3. 在他们所洗的几辆车中有一辆是黄色的普乔特。

4. 罗里清洗了斯蒂尔先生的车。

8. 在购物中心工作【初级】

3 位年轻的女性刚刚到新世纪购物中心的几个店面打工。根据下面的线索，你能找出雇佣她们的商店的名字、类型以及她们各自开始工作的具体时间吗？

1. 和在面包店工作的女孩相比，安·贝尔稍晚一些找到工作，那家面包店不叫罗帕。

2. 艾玛·发不是8月份开始在万斯店工作。

3. 卡罗尔·戴不在零售店工作。

4. 其中一个女孩不是从 9 月份开始在赫尔拜的化学药品店工作。

9. 不同颜色的马【初级】

3 个女孩各有一匹不同颜色的小马。从给出的线索中，你能说出每个女孩的全名、她们各自马的名字和颜色吗？

1. 贝琳达的褐色小马不叫维纳斯。

2. 姓郝克斯的女孩有匹黑色小马。

		姓			马号			颜色		
		郝克斯	梅诺威瑟斯	邦妮	潘多拉	维纳斯	黑色	褐色	灰色
名	贝琳达								
	凯蜜乐								
	费利西蒂								
	黑色								
	褐色								
	灰色								
马	邦妮								
	潘多拉								
	维纳斯								

3. 灰色小马的名字叫邦妮。

4. 费利西蒂姓威瑟斯。

10. 长长的工龄【初级】

昨天，如同往常所有的工作日一样，3 位女士在大学食堂的服务台上工作。从以下给出的线索中，你能推断出她们的名字、年龄、工龄和每个人的职责吗？

1. 那位 54 岁的女士工作的时间没有内尔长。

2. 提供主菜的那位女士今年有 56 岁了。

3. 洛蒂已经有 18 年的工作经验，她的工作不是分配饮料。

4. 布里奇特的职责是提供餐后甜点。

	52岁	54岁	56岁	16年	18年	20年	主菜	餐后甜点	饮料
布里奇特									
洛蒂									
内尔									
主菜						
餐后甜点						
饮料						
16年			
18年			
20年			

11. 魔方【中级】

右图是一个魔方从两个方向看的视图效果，这个魔方的 6 个面上各写着 A ~ F 不同的字母。请问，C 的对面是哪个字母？

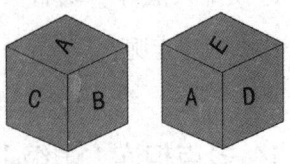

12. 聪明的匪徒【中级】

一群匪徒在沙漠中遇到困难了，必须扔下一个人，于是狡猾的头目命 19 名匪徒排成一行，说："因为食物、饮水不足，所以在天黑前，凡点到第七名的人可以留在车上，数到最后第七名的那个人就必须留在沙漠中。"说完头目自己站到第六名匪徒后面（图中倒置的火柴是头目）。有个聪明的匪徒负责点数，他想让其他弟兄离开沙漠而让头目留在沙漠中。那么，他该如何点数？

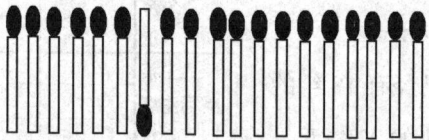

13. 渡河【中级】

渡过小河唯一的办法就是小心翼翼地踩着一块块石头，一旦踩错了石头，就会掉进河里。从 A 开始，每一排只能踩一块石头，你会沿着什么顺序走呢？

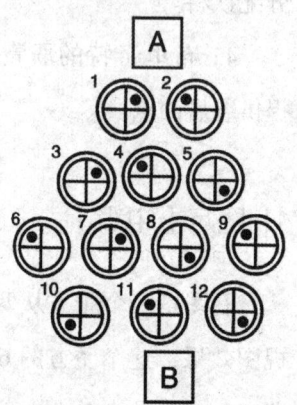

14. 多点相连【中级】

用 6 条直线（一笔）将 16 个点连接起来，怎么连呢？

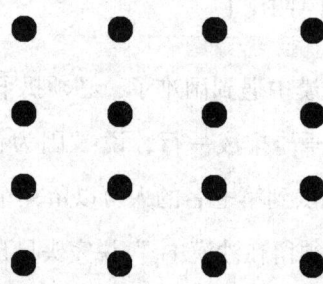

15. 图形数字【中级】

请观察各图形与它下面数字间的关系,然后在问号处填上一个适当的数。

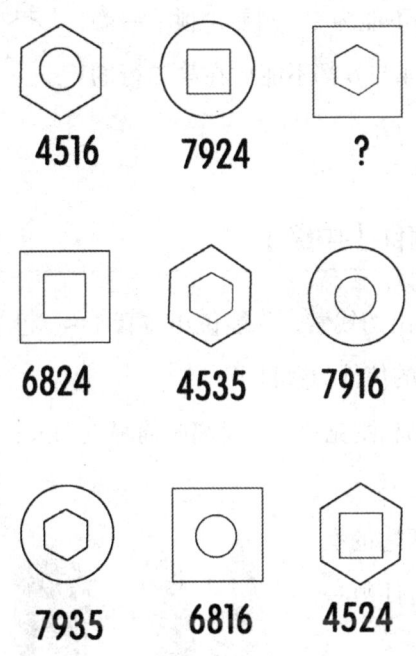

16. 三只桶的称量【中级】

有一个商人用一个大桶装了 12 千克油到市场上去卖,恰巧市场上两个人分别带了 5 千克和 9 千克的两个小桶,但他们要买走 6 千克的油,而且一个买 1 千克,一个买 5 千克。这个商人要怎样称给他们呢?

17. 两数之差【中级】

请大家在图中的8个圆圈里填上1~8这8个数字，规定由线段联系的两相邻圆圈中两数之差不能为1。例如，顶上一圈填了5，那么4与6都不能放在第二行的某圆圈内。

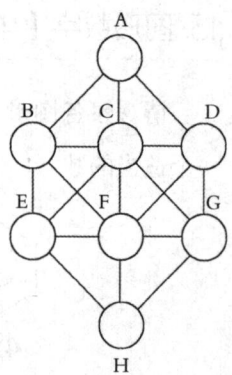

18. 寄出的信件【中级】

根据所给出的线索，你能说出位置1~4上的女士的姓名和她们要寄出的信件的数目吗？

1. 埃德娜和鲍克丝夫人是离邮筒最近的人；前者寄出的信件数比后者少。

2. 邮筒两边的女士寄出的总信件数一样多。

3. 克拉丽斯·弗兰克斯所处位置的编号，比邮筒对面寄出3封信的那个女人小。

4. 博比不是斯坦布夫人，她不在3号位置。

5. 只有一个女人所处的位置编号和她要寄的信件数是相同的。

名：博比，克拉丽斯，埃德娜，吉马

姓：鲍克丝，弗兰克斯，梅勒，斯坦布

信件数：2，3，4，5

19. 柜台交易【中级】

有两位顾客正在一家化学用品商店买东西。从以下所给的线索中，你能正确地说出售货员和顾客的姓名、顾客各自所买的东西以及找零的数目吗？

1. 杰姬参与的买卖中需要找零 17 便士，而沃茨夫人不是。

2. 朱莉娅是由一个叫蒂娜的售货员接待的，但她不是买洗发水的奥利弗夫人。

3. 图中的 2 号售货员不是莱斯利，而莱斯利不姓里德。

4. 阿尔叟小姐卖出的不是阿司匹林。

5. 2 号售货员给 4 号顾客找零 29 便士。

名：杰姬，朱莉娅，莱斯利，蒂娜

姓：阿尔叟，奥利弗，里德，沃茨

商品：洗发水，阿司匹林

找零：17 便士，29 便士

20. 春天到了【中级】

某个小村庄的学校里，4 个男孩正坐在长椅 1、2、3、4 的位置上上自然科学课，在这堂课中，每位同学都要把前段时间注意到或做过的事情告诉老师和同学。从以下所给的线索中,你能辨别出这4个人并推断出他们各自在这堂课中所说的事件吗?

1. 从你的方向看过去,那个看到翠鸟的男孩就坐在汤米的右边,他们中间没有间隔。

2. 听到今年第一声布谷鸟叫的是一个姓史密斯的小伙子。

3. 从你的方向看过去,比利坐在埃里克左边的某个位置上,其中普劳曼是埃里克的姓。

4. 图中位置3上坐着亚瑟同学。

5. 位置2的男孩告诉了大家周末他和父亲玩鳟鱼的事,他不姓波特。

名:亚瑟,比利,埃里克,汤米
姓:诺米,普劳曼,波特,史密斯
事件:听到布谷鸟叫,看到山楂开花,看到翠鸟,玩鳟鱼

21. 赛马【中级】

图中向我们展示了业余赛马骑师的一场点对点比赛,其中一场比赛的照片展示在田径运动会的宣传卡片上。根据以下所给出的线索,你能说出每匹马的名字以及各骑师的姓名吗?

1. 第二名的马名叫艾塞克斯女孩。

2. 海员赛姆不是第四名,它的骑师姓克里福特,但不叫约翰。

3. 蓝色白兰地的骑师，他的姓要比萨利的姓少一个字母。

4. 麦克·阿彻骑的马紧跟在西帕龙的后面，西帕龙不是理查德的马。

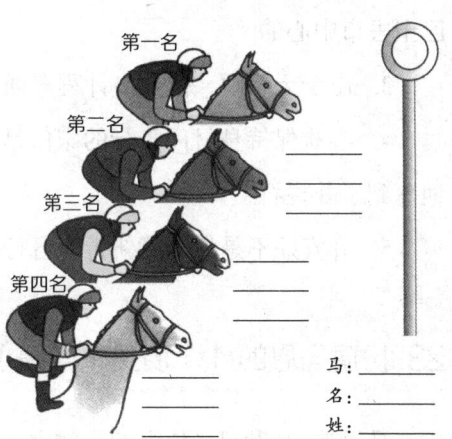

马的名字：蓝色白兰地，艾塞克斯女孩，海员赛姆，西帕龙
骑师的名字：埃玛，约翰，麦克，萨利
骑师的姓：阿彻，克里福特，匹高特，理查德

22. 往返旅途【中级】

昨天，北切斯特的3个市民都去了市中心，他们来去都采用了不同的交通方式。从以下所给的线索中，你能说出这3个人的全名以及他们来回的交通方式吗？

1. 在市中心遭劫之后被警察带回家的受害者不是巴里·沃斯。

2. 姓扎吉的人不是坐

		姓			自行车	巴士	步行	救护车	计程车	警车
		范	扎吉	沃斯						
名	巴里									
	乔安妮									
	罗宾									
	救护车									
	计程车									
	警车									
	自行车									
	巴士									
	步行									

巴士去市中心的。

  3. 由于天下雨，范是坐计程车回来的。

  4. 喜欢保持身材而步行的家伙是被救护车送回来的，因为他撞到了井栏石上。

  5. 乔安妮不是那个骑新折叠自行车的人。

23. 扮演马恩的4个演员【中级】

  马恩是20世纪最伟大的人物之一。最近，不列颠电视台将上演休·马恩的自传，电视台的新闻办公室公布了分别扮演马恩各个时期的4个演员的照片。从以下所给出的线索中，你能说出4个演员的名字以及所扮演的时期吗？

  1. C饰演孩童时代的马恩，他不姓曼彻特。

  2. 安东尼·李尔王不饰演晚年的马恩，马恩在晚年时期已经成为哲学家。

  3. 理查德紧贴在哈姆雷特的左边，哈姆雷特饰演的是那个正谈论他的伟大军事理想的马恩。

  4. A是朱利叶斯。

名：安东尼，约翰，朱利叶斯，理查德
姓：哈姆雷特，李尔王，曼彻特，温特斯

时期：孩童，青少年，士兵，晚年

24. 五月皇后【中级】

考古学家最近在一个小村镇里挖掘出了一张关于五月皇后的名单，在18世纪早期，五月皇后连续7年被推选出来执政。从以下所给的线索中，你能说出1721–1727年分别推选出的五月皇后的全名是什么、是谁的女儿吗？

1. 萨金特在教区长女儿之后两年、汉丽特之前两年成为五月皇后。

2. 布莱克是在1723年5月当选的。

3. 安·特伦特是偶数年份当选的五月皇后，她的父亲不是箍桶匠。

4. 安德鲁是在织工的女儿之前当选为五月皇后的，她不是比阿特丽斯。

5. 铁匠卢克·沃顿的女儿也是其中一位五月皇后，在沃里特之后当选，而且不是在1725年当选的。

6. 木匠的女儿苏珊娜是在索亚之前当选的五月皇后。

7. 米尔福德在箍桶匠的女儿当选之后两年成为五月皇后，她的前任是旅馆主人的女儿，旅馆主人的女儿在玛丽当选的两年之后当选。

8. 教区长的女儿紧接在简之后当选为五月皇后。

名：安，比阿特丽斯，汉丽特，简，玛丽，苏珊娜，沃里特
姓：安德鲁，布莱克，米尔福德，萨金特，索亚，特伦特，沃顿
父亲：铁匠，木匠，箍桶匠，旅馆主人，教区长，茅屋匠，织工

25. 年轻人出行【中级】

某一天，同一村庄的4个年轻人朝东、南、西、北4个方向出行。从以下所给的线索中，你能推断出他们各自走的方向、出行的方式以及出行原因吗？

1. 安布罗斯和那个骑摩托车去上高尔夫课的人走的方向刚好相反。

2. 其中一个年轻人所要去的游泳池在村庄的南面，而另外一个年轻人参加的拍卖会不是在村庄的西面举行。

3. 雷蒙德离开村庄后直接朝东走。

4. 欧内斯特出行的方向是那个坐巴士的年轻人出行方向逆时针转90°的方向。

5. 坐出租车出行的西尔威斯特没有朝北走。

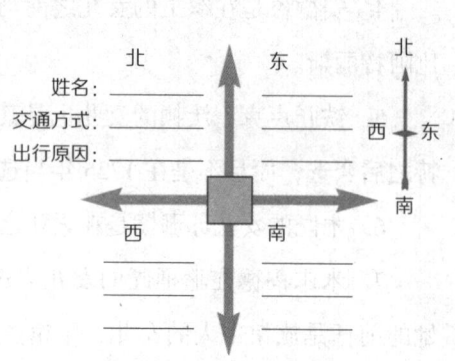

姓名：安布罗斯，欧内斯特，雷蒙德，西尔威斯特
交通工具：巴士，小汽车，摩托车，出租车
出行原因：拍卖会，看牙医，上高尔夫课，游泳

26. 航海【中级】

在某个阳光灿烂的夏日午后，4艘游船在某海湾航行，位置如图。根据以下所给的线索，你能说出这4艘船的名字、航海员以及帆的颜色吗？

1. 海鸥在马尔科姆掌舵的船东南面，马尔科姆掌舵的船帆是白色的。

2. 燕鸥在图中处于奇数的位置，它的帆是灰蓝色的。

3. 有灰绿色帆的那艘船不是图中的4号。

4. 维克多的船处于3号位置。

5. 海雀的位置数要比有黄色帆的游船小，但比大卫掌舵的船位置数要大。

6. 埃德蒙的船叫三趾鸥。

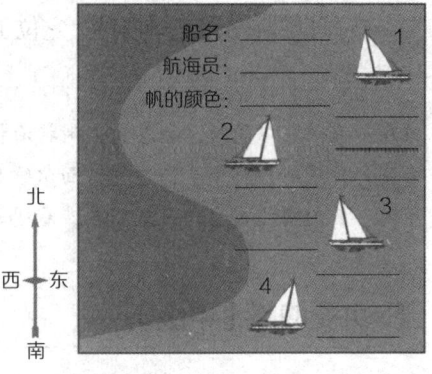

船名：海鸥，三趾鸥，海雀，燕鸥

航海员：大卫，埃德蒙，马尔科姆，维克多

帆：灰蓝色，灰绿色，白色，黄色

27. 交叉目的【中级】

上星期六，住在4个村庄的4位女士由于不同的原因，如图所示，同时朝着离家相反的交叉方向出发。从以下所给的线索中，你能指出这4个村庄的名字、4位女士的名字以及她们各自出行的原因吗？

1. 波利是去见一位朋友。

2. 耐特泊村的居民出去遛狗。

3. 村庄4的名字为克兰菲尔德。

4. 西尔维亚住的村庄靠近参加婚礼的人住的村庄，并在这个村庄的逆时针方向。

5. 丹尼斯去了波利顿村，它位于举行婚礼的利恩村的东面。

村庄：克兰菲尔德村，利恩村，耐特泊村，波利顿村
名字：丹尼斯，玛克辛，波利，西尔维亚
原因：参加婚礼，遛狗，见朋友，看望母亲

28. 可爱的熊【中级】

我妹妹在她梳妆台的镜子上摆放了4张照片，这4张照片展示的是她去年去动物园时所看到的熊。从以下所给的线索中，你能说出这4只熊的名字、种类以及各个动物园的名字吗？

1. 布鲁马的照片来自它生活的天鹅湖动物园。

```
    A         B        C        D
  ┌───┐    ┌───┐    ┌───┐    ┌───┐
  │   │    │   │    │   │    │   │
  └───┘    └───┘    └───┘    └───┘
```

熊名：_____
种类：_____
动物园：_____

2. A 照片上的熊叫帕丁顿，它不是来自秘鲁。

3. 格林斯顿动物园的灰熊的照片印在一张正方形的明信片上。

4. 眼镜熊的照片在鲁珀特的右边，鲁珀特熊不穿裤子。

5. 泰迪的照片紧靠来自布赖特邦动物园那只熊的左边，后者不是东方太阳熊。

熊名：布鲁马，帕丁顿，鲁珀特，泰迪
种类：灰熊，极地熊，眼镜熊，东方太阳熊
动物园：布赖特邦，格林斯顿，诺斯丘斯特，天鹅湖

29. 囚室【中级】

下图中的 Ⅰ，Ⅱ，Ⅲ，Ⅳ分别代表 4 间囚室。你能依据线索说出被囚禁者以及他或她父亲的名字等细节吗？

1. 在房间 Ⅰ 里的是国王尤里的孩子。

2. 禁闭阿弗兰国王唯一的孩子的房间，是尤里天的郡主所在房子的逆时针方向上的第一间，后者的房子在沃而夫王子的

对面。

3. 禁闭欧高连统治者孩子的房间，是国王西福利亚的孩子所在房间逆时针方向上的第一间。

4. 勇敢的阿姆雷特王子，在美丽的吉尼斯公主所在房间顺时针方向的第一个房间，即马兰格丽亚国王的小孩所在房间逆时针方向的下一间。

5. 卡萨得公主在一位优秀王子的对面，前者的父亲统治的不是卡里得罗。卡里得罗也不是国王恩巴的统治地。

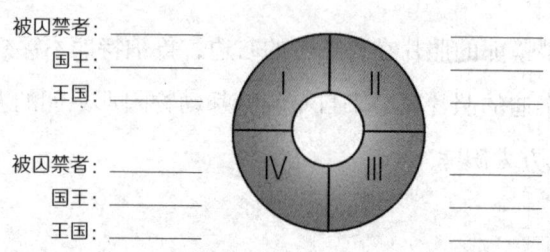

被囚禁者：阿姆雷特王子，沃而夫王子，卡萨得公主，吉尼斯公主
国王：阿弗兰，恩巴，西福利亚，尤里
王国：卡里得罗，尤里天，马兰格丽亚，欧高连

30. 下一个出场者【中级】

乡村板球队正在比赛，有4位替补选手正坐在替补席上整装待发。从以下给出的线索中，你能说出这4位选手的名字、赛号以及每个人在球队中的位置吗？

1. 6号是万能选手，准备下一个出场，他坐的位置紧靠帕迪右侧。

2. 尼克是乡村队的守门员。

3. 旋转投手的位置不是 7 号。

4. 图中 C 位置被乔希占了。

5. 选手 A 将在艾伦之后出场。

6. 坐在长凳 B 位置的选手是 9 号。

姓名：艾伦，乔希，尼克，帕迪
赛号：6，7，8，9
位置：万能，快投，旋转投手，守门员

31. 戒指女人【中级】

洛蒂·吉姆斯本是一个不起眼的女演员，但是因和很多有钱男人订过婚，关系破裂后得到他们价值连城的婚戒而扬名，从而成为名副其实的"戒指女人"。根据以下所给的线索，你能说出每枚戒指里所用的宝石的类型、戒指的价值以及这些戒指分别是哪个男人送的吗？

1. 洛蒂从企业家雷伊那得到的钻戒就在价值 10 000 英镑的戒指旁边。

2. 从电影导演马特·佩恩那得到的戒指要比那个硕大的红

宝石戒指便宜。

3. 那个翡翠戒指价值不是 15 000 英镑，它不是休·基恩给她的。

4. 戒指 3 花了她前未婚夫 20 000 英镑。

	1	2	3	4
宝石:				
价值:				
未婚夫:				

宝石：钻石，翡翠，红宝石，蓝宝石
价值（英镑）：10 000，15 000，20 000，25 000
未婚夫：艾伦·杜克，休·基恩，马特·佩恩，雷伊·廷代尔

32. 多面体环【中级】

8 个正八面体可以组成 1 个多面体的环，如图 1 所示。

请问其他几种正多面体用同样的方法能否组成这样的多面体环？

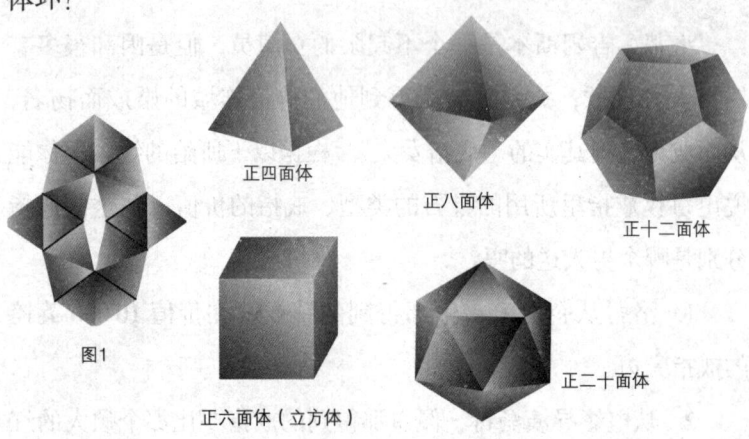

图1　　正四面体　　正八面体　　正十二面体
正六面体（立方体）　　正二十面体

33. 小猪储蓄罐【中级】

诺斯家的柜子上摆放着 5 个小猪储蓄罐。从以下所给的线索中，你能描述这几个小猪的详细情况——它们的颜色、名字以及各自的主人吗？

1. 蓝色的小猪不属于杰茜卡，它的主人比大卫大 1 岁。大卫拥有自己的小猪储蓄罐，大卫的小猪储蓄罐不是红色的，它的位置在蓝色小猪的右边，但相隔不止一只小猪。

2. 紧靠大卫小猪左边的绿色小猪的主人比大卫大 2 岁。

3. 卡米拉的小猪储蓄罐紧靠红色小猪的左边。卡米拉要比红色小猪的主人年纪大，但她不是 5 个小孩中最大的。

4. 黄色的小猪不是大卫的，它紧靠杰茜卡的小猪左边，它的主人要比图中 B 小猪的主人大 1 岁，但要比大卫小 1 岁。

5. 本比纯白色小猪的主人小 1 岁，但比卡蒂大 1 岁，卡蒂的小猪比本的小猪和白色小猪更靠左。

6. 诺斯先生和夫人一直想让孩子们按年龄大小把他们各自的小猪从左到右排列，但都没有如愿。事实上，如果按他们的方案来看，目前没有一只小猪在它们应该在的位置上。

颜色：蓝，绿，红，白，黄
小孩名字：本，卡米拉，大卫，杰茜卡，卡蒂
小孩年龄：8，9，10，11，12

34. 桥牌花色【中级】

4位桥牌选手各坐桌子一方，手中各有不同花色的一副牌。从以下给出的线索中，你能说出这4个人的名字以及他们握的是什么花色的牌吗？

1. 理查德的牌颜色和拉夫的牌颜色一样，拉夫坐北边的位置。
2. 玛蒂娜对家握的牌花色是红桃。
3. 坐在西边的女人手握黑桃，她不姓田娜思。
4. 保罗·翰德的搭档是以斯帖。
5. 坐在南边的人握的牌花色不是梅花。

名：以斯帖，玛蒂娜，保罗，理查德
姓：翰德，拉夫，田娜思，启克
花色：梅花，钻石，红桃，黑桃

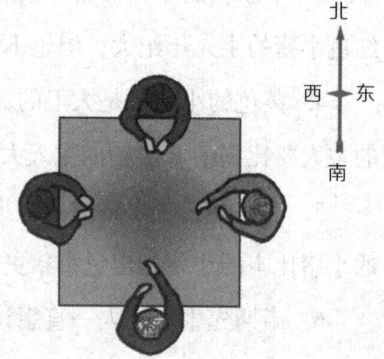

35. 别尔的行程【中级】

别尔·来格斯是英国摄政时期最活跃的英雄之一。有一次他去拜访4个熟人，并在熟人那里都过了夜。从以下所给的线索中，你能说出别尔的每个熟人的名字和他们各自房子的名字以及相邻两地间的距离吗？

1. 待在温蒂后家里过夜是在去了福卜利会馆之后，接着他需要骑马 22 千米到达下一个目的地。

2. 考克斯可布是别尔·笑特的房子。

3. 别尔·来格斯去丹得宫骑了 25 千米，在那过夜之后他接着去拜访别尔·里格林。

4. 最短的马程是去别尔·斯决的房子，它不是斯沃克屋。

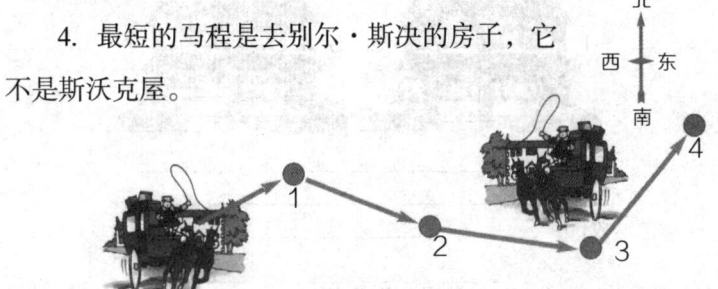

距离（千米）：20，22，25，28
房子：考克斯可布，福卜利会馆，斯沃克屋，丹得宫
主人：别尔·里格林，别尔·笑特，别尔·斯决，别尔·温蒂后

36. 牛奶送错了【中级】

送奶工出去度假了，他的亲戚瓦利早上替他去送奶，结果把某街道中的 1、3、5、7 号人家的牛奶送错了。从以下所给的线索中，你能说出这 4 户人家分别住的是谁、他们本该收到的和实际收到的牛奶瓶数吗？

1. 那天早上布雷特一家定购了 4 瓶牛奶。

2. 1 号人家收到的要比劳莱斯定购的牛奶瓶数少一瓶，劳莱斯一家那天收到的不是 2 瓶牛奶。

3. 克孜太太那天早上发现门口放着 3 瓶牛奶，她和汀斯戴尔家中间隔了一户人家,克孜每天要的牛奶比汀斯戴尔家多。

4. 瓦利在5号人家门口只留了一瓶牛奶。

5. 7号人家应该收到2瓶牛奶。

家庭: ＿＿＿＿＿＿＿
定购: ＿＿＿＿＿＿＿
收到: ＿＿＿＿＿＿＿

家庭:布雷特,克孜,汀斯戴尔,劳莱斯
定购:1,2,3,4
收到:1,2,3,4

37. 巫婆和猫【中级】

中世纪时期的一个小乡村里,4个巫婆分别霸占了村里的4幢别墅。根据下面的线索,你能说出每幢别墅中巫婆的名字、年龄以及巫婆的猫的名字吗?

1. 马乔里住在那个86岁的老巫婆的东面,这个巫婆有只猫叫颇里安娜。

2. 罗赞娜刚过80岁。

3. 凯特的主人住在村里池塘后面的2号别墅里,她总是用诡异甚至可以说是邪恶的眼神从她密室的窗口向外窥视。

4. 3号别墅的主人75岁,她的猫不叫托比。

5. 人们把塔比瑟的那只老猫叫作尼克。

6. 和格里泽尔达住得最近的巫婆已经 71 岁了。

巫婆：格里泽尔达，马乔里，罗赞娜，塔比瑟

年龄：71，75，80，86

猫：凯特，尼克，颇里安娜，托比

38. 倒酒【高级】

最开始的时候，9 升罐是满的，5 升、4 升和 2 升罐都是空的。

游戏目的是将红酒平均分成 3 份（这将使最小的罐留空）。

因为这些罐都没有标明计量刻度，倒酒只能以如下方式进行：使 1 个罐完全留空或者完全注满。如果我们将红酒从 1 个罐倒入 2 个较小的罐中，或者从 2 个罐倒入第 3 个

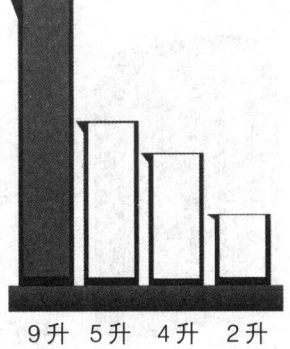

罐，这两种方式的每种都算 2 次倒酒。

达到目的的最少倒酒次数是多少？

39. 裂缝【高级】

右图显示的是一块泥地，泥地上有很多裂缝。你能够说出这众多裂缝中哪一条是最先出现的吗？

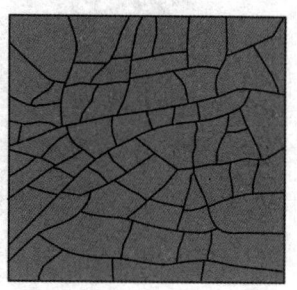

40. 安全脱险【高级】

迈克和杰克用软梯下到一个深谷，准备探寻谷底的洞穴。刚走了几米，忽然谷底的泉水大量涌出，不一会儿水位就到了腰部，并不断上涨。他们两人没想到谷底会发大水，既不会游泳，又没带救生用具，只能立刻攀软梯出谷。但他们所用软梯的负重是 250 千克，攀下时是一个一个下来的，因为他们的体重都是 140 千克左右。如果两人同时攀梯，势必将软梯踩断；若依次先后攀梯而上，水势很急，时间来不及。你能帮助他们想一个办法安全脱险吗？

41. 特别的碑文【高级】

在一块墓碑上刻着特别的碑文，它曾吸引了无数人前来推测和祭奠。这块墓碑的碑文如下：

如果包括同母异父或同父异母的关系，埋葬在墓地里的最少有几个人？

42. 切割菱形【高级】

下面的图是一个菱形，里面有几个数字。你能想办法在上面画1条直线，使各个区域的数字总和相等吗？

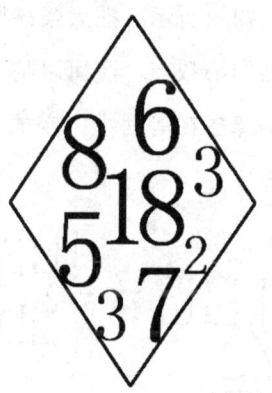

43. 拼剪三角【高级】

如下图，有一家地毯店接到预约，客户预约的是一张铺在三角形房间的地毯。但是，店家裁制时竟不小心将地毯翻成反面来裁剪，而且形状为不等边三角形。请问怎么办？

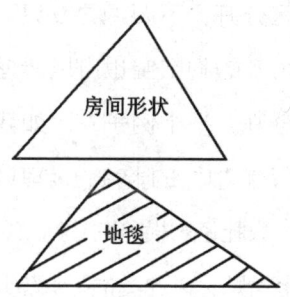

答 案

1.

正确答案是一种。当然用9个数字标签也可以轻易地区分出狗宝宝，但是，即使只有一种卡片也是可以把狗宝宝区分开的。只要把方向和贴的部位区分开，不要说是9只，就是再多的狗宝宝也可以清楚地区分开。举个例子，比如我们有写有"1"的卡片，就可以在第一只肚子上横着贴，第二只背上竖着贴，以此类推……除此之外还有很多方法。

2.

离远一些。

3.

E。图形等于折叠成一半。

4.

选择了第一个头发七长八短的理发师。

5.

如图所示，把火柴棒竖起来当作小数点。还可以将一根火柴棒放在等号上，变成"不等于"。

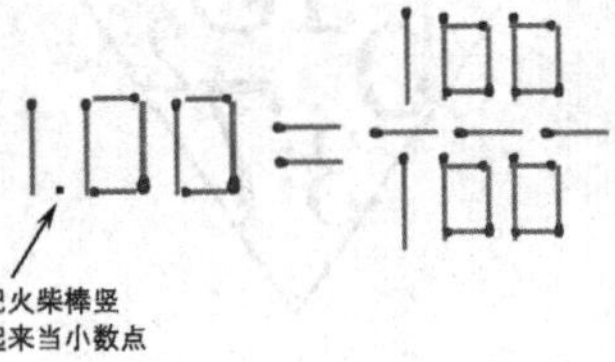

把火柴棒竖起来当小数点

6.

由于亚历山大是深红色和白色外表（线索2），罗德·桑兹不是橄榄绿色（线索3），因此它是猩红色和黄色。而橄榄绿的机车是沃克斯·阿比,属于阿比类(线索1),并在1942年制造(线索3)。亚历山大不是越野类型的发动机(线索2),因此是商务车类型的,而越野类型的发动机是罗德·桑兹,它不是始于1909年(线索4),而是在1926年制造的,1909年的机车是亚历山大。

答案:

亚历山大,商务车类,深红/白色,1909年。

罗德·桑兹,越野类,猩红/黄色,1926年。

沃克斯·阿比,阿比类,橄榄绿,1942年。

7.

由于那辆普乔特是黄色的(线索3),比尔清洗的红车不是福特车(线索1),因此得出红车是沃克斯豪,而福特车是蓝色的并属于派恩先生(线索2)。我们现在知道比尔清洗的是沃克斯豪,派恩先生的车是福特,罗里清洗的斯蒂尔先生的车(线索4)一定是黄色的普乔特。剩下卢克清洗的车是派恩先生的福特,最后排除法得出,比尔清洗的红色的沃克斯豪是科顿先生的。

答案:

比尔,科顿先生,沃克斯豪,红色。

卢克,派恩先生,福特,蓝色。

罗里,斯蒂尔先生,普乔特,黄色。

8.

由于赫尔拜店是家化学药品店(线索4),面包店不是罗帕店(线索1),因此一定是万斯店,而罗帕店是家零售店。这家店没有雇佣卡罗尔·戴(线索3)或艾玛·发,因为后者在面包店工作（线索2），所以他们雇佣的是安·贝尔，而卡罗尔·戴在赫尔拜化学药品店工作，但她的工作不是9月份开始的（线索4），艾玛·发也不是在9月份开始工作（线索1），因此9月份开始工作的一定是安·贝尔。艾玛·发开始工作的时间不是8月份（线索2）而是7月份，而卡罗尔·戴开始工作的时间是8月份。

答案：

安·贝尔，罗帕店，零售店，9月份。

卡罗尔·戴，赫尔拜店，化学药品店，8月份。

艾玛·发，万斯店，面包店，7月份。

9.

灰色小马叫邦妮（线索3），属于贝琳达的褐色小马不叫维纳斯（线索1），所以一定叫潘多拉。黑色小马一定叫维纳斯，而维纳斯的主人姓郝克斯（线索2）。现在我们知道潘多拉的主人叫贝琳达，而维纳斯的主人姓郝克斯，所以费利西蒂·威瑟斯（线索4）必定是灰色小马邦妮的主人。得出凯蜜乐姓郝克斯，贝琳达姓梅诺。

答案：

贝琳达·梅诺，潘多拉，褐色。

凯蜜乐·郝克斯，维纳斯，黑色。

费利西蒂·威瑟斯，邦妮，灰色。

10.

布里奇特的职责是提供餐后甜点（线索4），洛蒂不是提供饮料的（线索3），所以她是提供主菜的，而内尔是提供饮料的。因此，根据线索2，洛蒂是56岁。内尔不可能是54

岁（线索1），所以是52岁；布里奇特则是54岁。洛蒂已经为此工作了18年（线索3）。内尔的工作时间一定比16年长（线索1），所以内尔是20年，布里奇特是16年。

答案：

布里奇特，54岁，16年，餐后甜点。

洛蒂，56岁，18年，主菜。

内尔，52岁，20年，饮料。

11.

D。如果只通过大脑思考就能解决的话是最好不过了，不过画一个展开图来看是比较常用的方法。

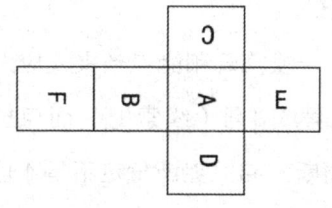

12.

这位聪明的匪徒是从头目前两名开始数起的。当他点到第一个第七名时，一名弟兄就得救。再往下数，数到第二个第七名，又一名弟兄得救。依次点下去，弟兄们全部得救留在车上，最后一个第七名正好轮到狡猾的头目。

13.

2，3，8和10，每一排的圆圈都是沿着顺时针方向旋转90°。

14.

如图：

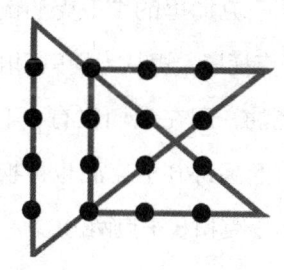

15.

应该是6835。六边形在图形外面表示45，在里面表示35；圆在外面表示79，在里面表示16；正方形在外面表示68，在里面表示24。

16.

先从大桶中倒出5千克油到5千克的桶，然后将其倒入9千克桶里，再从大桶里倒出5千克油到5千克的桶里，然后用5千克桶里的油将9千克的桶灌满。现在，大桶里剩有2千克油，9千克的桶已装满，5千克的桶里有1千克油。再将9千克桶里的油全部倒回大桶里，大桶里有了11千克油。把5千克桶里的1千克油倒进9千克桶里，再从大桶里倒出5千克油，现在大桶里有6千克油，而另外6千克油也被换成了1千克和5千克两份。

17.

在1~8这8个数中，只有1与8各只有一个相邻数（分别是2与7），其他6个数都各有两个相邻数。图中的C圆圈，它只与H不相连，因此如果C填上了2~7中任意一个，那么只有H这一个格子可以填进它的邻数，这显然不可能，于是C内只能填1（或8）。同理，F内只能填8（或1），A只能填7（或2），H只能填2（或7），再填其他4个数就方便了。

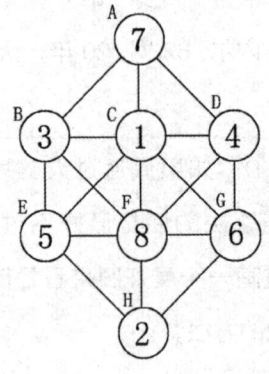

18.

埃德娜和鲍克丝夫人应为2号或3号（线索1），而克拉丽斯·弗兰克斯肯定不是4号（线索3），只能是1号。寄出3封信件的女人位于图中3或者

4的位置（线索3）。线索2告诉我们邮筒两边寄出的信件数量相同，那么它们必将是5封和2封在邮筒一侧，3封和4封在另一侧，所以寄出4封信件的女人必将位于3或者4的位置。但只有一个人的信件数和位置数相同（线索5），结果只可能是4号女人有3封信而3号女人有4封信。从线索5中知道，2号有2封信件要寄，剩下克拉丽斯·弗兰克斯是5封。我们知道埃德娜和鲍克丝夫人位于图中2或者3的位置，因此现在知道埃德娜是2号，有2封信要寄出，而鲍克丝夫人是3号，有4封信，她不是博比（线索4），那么她就是吉马，剩下在4号位置的博比，不是斯坦布夫人（线索4），那么她只可能是梅勒，而斯坦布夫人是埃德娜。

答案：

位置1，克拉丽斯·弗兰克斯，5封。

位置2，埃德娜·斯坦布，2封。

位置3，吉马·鲍克丝，4封。

位置4，博比·梅勒，3封。

19.

朱莉娅是其中一位顾客（线索2）。29便士是2号售货员给4号顾客的找零（线索5），但是2号不是莱斯利（线索3），也不是杰姬，因为后者参与的交易是17便士的找零（线索1），因此2号肯定是蒂娜，4号是朱莉娅（线索2），而后者不是买了洗发水的奥利弗夫人（线索2），那么奥利弗夫人肯定是3号。朱莉娅一定买了阿司匹林，她是阿尔叟小姐接待的（线索4），而阿尔叟小姐肯定是蒂娜。通过排除法，17便士的找零必定是1号售货员给3号顾客的，因此通过线索1，朱莉娅肯定是沃茨夫人，而剩下的1号售货员肯定是里德夫人，她也不是莱斯利（线索3），所以她只能是杰姬，最后得出莱斯利姓奥利弗。

答案：

1号，杰姬·里德，找零17便士。

2号，蒂娜·阿尔叟，找零29便士。

3号，莱斯利·奥利弗，买洗发水。

4号，朱莉娅·沃茨，买阿司匹林。

20.

亚瑟在图中位置3（线索4），从线索1中知道，看到翠鸟的不是位置1也不是位置4的人。位置2的那个小伙子周末和父亲玩了鳟鱼（线索5），因此，通过排除法，只能是位置3号的亚瑟看到了翠鸟。另从线索1中知道，汤米在2号位置，且是玩鳟鱼的人。通过线索3知道，比利肯定在1号位置，而埃里克在位置4。我们现在已经知道3个位置上人的姓或者所做的事，那么，听到布谷鸟叫的史密斯（线索2）肯定是1号的比利。剩下埃里克只能是看到山楂开花的人。最后，从线索5中知道，汤米不是波特，那么他必定是诺米，剩下波特是看到翠鸟的亚瑟。

答案：

位置1，比利·史密斯，听到布谷鸟叫。

位置2，汤米·诺米，玩鳟鱼。

位置3，亚瑟·波特，看到翠鸟。

位置4，埃里克·普劳曼，看到山楂开花。

21.

麦克的姓是阿彻（线索4），而克里福特不是约翰，他的马是海员赛姆（线索2），他不可能是萨利（线索3），那么他就是埃玛。艾塞克斯女孩是第二名（线索1），第四名的马不是海员赛姆（线索2），不是西帕龙（线索4），则一定是蓝色白兰地。他的骑师不是理查德，理查德骑的也不是西帕龙（线索3），我们已经知道了海员赛姆的骑师，那么理查德的马一定是艾塞克斯女孩。麦克·阿彻不可能是第一名的马的骑师（线索4），而西帕龙不是第二，他也不是第三名的马的骑师（线索4），所以他肯定是第四名马匹的骑师，他的马是蓝色白兰地。因此，从线索4中知道，西帕龙是第三名，通过排除法，海员赛姆是第一名。从线索3中知道，萨利姓匹高特，则她的马一定是第三名的西帕龙。最后，剩下第二名的马就是艾塞克斯女孩，骑师是约翰·理查德。

答案：

第一名，海员赛姆，埃玛·克里福特。

第二名，艾塞克斯女孩，约翰·理查德。

第三名，西帕龙，萨利·匹高特。

第四名，蓝色白兰地，麦克·阿彻。

22.

范是坐计程车回来的（线索3），巴里·沃斯不是坐警车回来的（线索1），则一定是被救护车送回来的，因此他去的时候是步行（线索4）。通过排除法，扎吉是坐警车回来的，他或者她去的时候不是坐巴士去的（线索2），那么只能是骑自行车去的，剩下范是坐巴士去的。因此扎吉不是乔安妮（线索5）的姓而是罗宾的，剩下乔安妮的姓就是范，后者去的时候坐巴士，回来时坐计程车。

答案：

巴里·沃斯，步行，救护车。

乔安妮·范，巴士，计程车。

罗宾·扎吉，自行车，警车。

23.

朱利叶斯是人物A（线索4），而哈姆雷特紧靠在理查德的右边（线索3），不可能是人物A或者B，他将饰演士兵（线索3），他不可能是人物C，因为人物C扮演孩童时代的马恩（线索1），那么他必将是人物D，理查德是扮演孩童时期的C。我们现在知道3个人的名或者姓，因此安东尼·李尔王（线索2）一定是B。通过排除法，哈姆雷特肯定是约翰。安东尼·李尔王不扮演哲学家（线索2），因此他肯定扮演青少年，而朱利叶斯扮演的是哲学家。最后，通过线索1知道，理查德不是曼彻特，他只能是温特斯，剩下曼彻特就是朱利叶斯，即人物A。

答案：

人物A，朱利叶斯·曼彻特，晚年。

人物B，安东尼·李尔王，青少年。

人物C，理查德·温特斯，孩童。

人物D，约翰·哈姆雷特，士兵。

24.

布莱克在 1723 年 5 月当选（线索 2），安·特伦特是在偶数年份当选的（线索 3）。1721 年当选的皇后不姓萨金特（线索 1），也不是沃顿，沃顿的父亲是铁匠（线索 5），她也不是索亚（线索 6），也非米尔福德（线索 7），因此只能是安德鲁。从线索 4 中知道，织工的女儿是在 1722 年当选的。教区长的女儿不是在 1723 年之后当选的，但是她也不是在 1722 年当选的，而布莱克在 1723 入选，线索 1 也能排除教区长的女儿在 1721 年入选。因此，知道教区长的女儿就是布莱克，即 1723 年的皇后。从线索 1 中知道，萨金特是 1725 年当选的，而汉丽特是 1727 年的皇后。我们已经知道 1721 年的五月皇后安德鲁的父亲不是织工、教区长和铁匠，也不是箍桶匠（线索 7），因为布莱克是在 1723 年当选的，所以安德鲁的父亲也不是旅馆主人（线索 7）和茅屋匠（线索 8），通过排除法，他只能是木匠，而安德鲁就是苏珊娜（线索 6）。线索 6 告诉我们索亚是 1722 年当选的。箍桶匠的姓不是特伦特（线索 3），也非米尔福德（线索 7），我们知道他也不姓安德鲁、布莱克、索亚、沃顿，因此只可能是萨金特。从线索 7 中知道，汉丽特的姓不是米尔福德，她的父亲不是旅店主人（线索 7），也不是铁匠，所以只能是茅屋匠。线索 5 告诉我们，铁匠的女儿不是 1726 年的五月皇后，通过排除法，她应该是在 1724 年当选的，而沃里特是教区长布莱克的女儿，她在 1723 年当选（线索 5），剩下旅馆主人的女儿是1726年当选的,通过排除法,可以知道她就是安·特伦特。现在从线索7可以知道玛丽就是沃顿,1724年的皇后。织工的女儿不是比阿特丽斯(线索4),则肯定是简,最后剩下比阿特丽斯就姓萨金特,她是箍桶匠的女儿。

答案:

1721年,苏珊娜·安德鲁,木匠。

1722年,简·索亚,织工。

1723年,沃里特·布莱克,教区长。

1724年,玛丽·沃顿,铁匠。

1725年,比阿特丽斯·萨金特,箍桶匠。

1726年,安·特伦特,旅馆主人。

1727年,汉丽特·米尔福德,茅屋匠。

25.

雷蒙德往东走(线索3),从线索1中知道,骑摩托车去上高尔夫课的人不朝西走。去游泳的人朝南走(线索2),拍卖会不在西面举行(线索2),因此朝西走只可能是去看牙医的人。西尔威斯特坐出租车出行(线索5),不朝北走,同时我们知道雷蒙德不朝北走,安布罗斯也不朝北走(线索1和2),那么朝北走的只可能是欧内斯特。从线索4中知道,坐巴士的人朝东走。我们知道雷蒙德不去游泳,也不去看牙医,而他的出行方式说明他不可能去玩高尔夫,因此他必定是去拍卖会。现在通过排除法知道,骑摩托车去上高尔夫课的人肯定是欧内斯特。从线索1中知道,安布罗斯朝南出行去游泳,剩下西尔威斯特坐出租往西走,去看牙医。最后可以得出安布罗斯开小汽车出行。

答案：

北，欧内斯特，摩托车，上高尔夫课。

东，雷蒙德，巴士，拍卖会。

南，安布罗斯，小汽车，游泳。

西，西尔威斯特，出租车，看牙医。

26.

图中3号游艇是维克多的（线索4），从线索1中知道，海鸥不可能是游艇4，有灰蓝色船帆的燕鸥也不是游艇4（线索2）。线索5排除了海雀是4号的可能性，因此4号游艇只能是埃德蒙的三趾鸥（线索6）。游艇1不是海鸥也不是海雀（线索1），那么它一定是燕鸥。我们知道燕鸥的主人不是埃德蒙，也不是拥有白色帆游艇的马尔科姆（线索1），那么只能是大卫，而剩下马尔科姆是游艇2的主人。从线索1中知道，游艇3是海鸥，而剩下游艇2是海雀。三趾鸥的帆不是灰绿色的（线索3），那么肯定是黄色的，剩下海鸥是灰绿色的帆。

答案：

游艇1，燕鸥，大卫，灰蓝色。

游艇2，海雀，马尔科姆，白色。

游艇3，海鸥，维克多，灰绿色。

游艇4，三趾鸥，埃德蒙，黄色。

27.

村庄4的名字为克兰菲尔德（线索3），从线索5中知道，波利顿肯定是村庄2，那么利恩村肯定是村庄1，而剩下村庄3是耐特泊。村庄3的居民是出去遛狗的（线索2），从线索5中知道，这个居民一定是丹尼斯。而婚礼发生在利恩村（线索5），参加婚礼的人住的村庄一定是村庄4，即克兰菲尔德，因此，现在从线索4中可以知道，西尔维亚一定住在村庄2，即波利顿村。现在我们已经知道了村庄2和3的居民，以及村民4出行的目的，那么线索1中提到的去看朋友的波利一定住在利恩村。通过排除法，最后知道玛克辛住在克兰菲尔德，而西尔维亚出行的目的是去看望她的母亲。

答案：

村庄1，利恩村，波利，见朋友。

村庄2，波利顿村，西尔维亚，看母亲。

村庄3，耐特泊村，丹尼斯，遛狗。

村庄4，克兰菲尔德村，玛克辛，参加婚礼。

28.

照片A是帕丁顿（线索2），D不是鲁珀特（线索4），也不是泰迪（线索5），因此只能是布鲁马，来自天鹅湖动物园（线索1）。照片B不是格林斯顿的灰熊（线索3），也不是来自天鹅湖的熊。线索5排除了它来自布赖特邦动物园的可能性，因为布赖特邦动物园的熊就在泰迪的右边，因此照片B上的熊一定来自诺斯丘斯特。现在，从线索5中可以知道，泰迪不可能在照片C上，因此，只能是B照片上的来自诺斯丘斯特的熊，而C则是鲁珀特。来自天鹅湖的布鲁马是一只眼镜熊（线索4），从线索5中知道，鲁珀特肯定是在布赖特邦动物园，剩下帕丁顿则是来自格林斯顿的灰熊。来自布赖特邦动物园的不是东方太阳熊（线索5），那么肯定是极地熊，最后剩下东方太阳熊肯定是照片B中的来自诺斯丘斯特动物园的泰迪。

答案：

照片A，帕丁顿，灰熊，格林斯顿动物园。

照片B，泰迪，东方太阳熊，诺斯丘斯特动物园。

照片C，鲁珀特，极地熊，布赖特邦动物园。

照片D，布鲁马，眼镜熊，天鹅湖动物园。

29.

卡萨得公主在一位王子的对面（线索5），那么吉尼斯公主一定在另外一位王子的对面，后者不是阿姆雷特王子（线索4），那么一定是沃而夫王子。

从线索4中知道，按顺时针方向，他们房间分别是卡萨得公主、吉尼斯公主、阿姆雷特王子、沃而夫王子。从线索2中知道，吉尼斯公主的父亲是尤里天的统治者，而沃而夫王子的父亲则统治马兰格丽亚（线索4）。卡萨得公主的父亲不统治卡里得罗（线索5），那么他一定统治欧高连，通过排除法，阿姆雷特王子的父亲必定统治卡里得罗。从线索2中知道，卡萨得公主的父亲一定是阿弗兰国王，而吉尼斯公主的父亲统治尤里天，后者必定是国王西福利亚（线索3）。卡里得罗的阿姆雷特王子的父亲不是国王恩巴（线索5），那么必定是国王尤里，剩下国王恩巴是沃而夫王子的父亲。最后，从线索1中知道，阿姆雷特王子的房间是I，那么沃而夫王子则是

II，卡萨得公主是III，而吉尼斯公主在房间IV中。

答案：

I，阿姆雷特王子，国王尤里，卡里得罗。

II，沃而夫王子，国王恩巴，马兰格丽亚。

III，卡萨得公主，国王阿弗兰，欧高连。

IV，吉尼斯公主，国王西福利亚，尤里天。

30.

B位置上的是9号选手（线索6）。万能选手6号不可能在A位置上（线索1），而C位置上的选手是乔希（线索4），线索1提示位置D上的不可能是万能选手，那么万能选手一定是C位置上的乔希。现在，从线索1中可以知道，帕迪一定是位置B上的9号选手。我们现在已经知道A不是乔希，也不是帕迪，线索5排除了艾伦，那么他只可能是尼克，他是乡村队的守门员（线索2），最后剩下艾伦在D位置上。现在，从线索5中知道，艾伦一定是7号，尼克则是8号，而艾伦一定不是旋转投手（线索3），那么他一定是快投，剩下旋转投手是帕迪。

答案：

选手A，尼克，8号，守门员。

选手B，帕迪，9号，旋转投手。

选手C，乔希，6号，万能。

选手D，艾伦，7号，快投。

31.

戒指1是马特·佩恩给的（线索2），戒指3价值20000英镑（线索4），那么紧靠雷伊给的戒指右边的那个价值10000英镑的戒指一定是戒指

4。从线索1中知道,从雷伊那得到的钻戒一定是戒指3,价值20 000英镑。戒指1价值不是25 000英镑(线索1),那么它肯定值15 000英镑。通过排除法知道,戒指2肯定价值25 000英镑。而戒指1上的不是翡翠(线索3),也不是红宝石(线索2),那么一定是蓝宝石。红宝石戒指价值不是10 000英镑(线索2),那么一定是价值25 000英镑的戒指2。剩下价值10 000英镑的戒指4是翡翠戒指,它不是休·基恩给的(线索3),那么一定是艾伦·杜克给的,也就是说,休·基恩给了洛蒂价值25 000英镑的红宝石戒指。

答案:

戒指1,蓝宝石,15 000英镑,马特·佩恩。

戒指2,红宝石,25 000英镑,休·基恩。

戒指3,钻石,20 000英镑,雷伊·廷代尔。

戒指4,翡翠,10 000英镑,艾伦·杜克。

32.

所有相同大小的正多面体都可以组成1个多面体环,除了正四面体。

33.

12岁的小孩不可能是大卫(线索1)、卡米拉(线索3)、本和卡蒂(线索5),那么一定是杰茜卡,8岁小孩的小猪不是蓝色的(线索1),也不是绿色(线索2)、黄色(线索4)或者白色(线索5)的,那么一定是红色的。小猪E不是蓝色(线索1)、绿色(线索2)、黄色(线索4)或者红色的(线索6),那么一定是白色的。大卫的小猪储蓄罐不是红色的（线索1），也不是蓝色（线索1）、绿色（线索2）或者黄色的（线索4），那么白色的小猪E就是大卫的。红色小猪的主人8岁，不是卡米拉（线索3），或者本（线索5），那肯定是卡蒂，那么本今年9岁，而白色小猪的主人大卫今年10岁（线索5），通过排除法知道，卡米拉今年11岁。杰茜卡的小猪不是蓝色（线索1），或者黄色的（线索4），那么一定是绿色的小猪D（线索2），而C一定是黄色的（线索4），A不是卡蒂的红色小猪（线索3），那么只能是蓝色的，而红色的只能是小猪B。因此A是卡米拉的（线索3），而通过排除法知道，C是本的小猪。

答案：

位置A，蓝色，卡米拉，11。

位置B，红色，卡蒂，8。

位置C，黄色，本，9。

位置D，绿色，杰茜卡，12。

位置E，白色，大卫，10。

34.

保罗·翰德是以斯帖的搭档（线索4），因此玛蒂娜的搭档就是理查德，所以后者的花色就是红桃（线索2）。从线索1中知道，拉夫坐北边的位置，手握钻石花色。我们知道保罗·翰德的花色不是钻石和红桃，而在西边位置的人手握黑桃（线索3），那么保罗的一定是梅花，因此他不坐在南边（线索5）。我们知道他不在北边，也不在西边（线索3），那么只能在东边，而以斯帖则在西边，手握黑桃（线索3和4）。通过排除法，理查德不在北边，那么一定在南边，而拉夫在北边的位置上，那么她就是玛蒂娜。以斯帖不姓田娜思（线索3），那一定姓启克，剩下田娜思的名字就是理查德。

答案：

北，玛蒂娜·拉夫，钻石。

东，保罗·翰德，梅花。

南，理查德·田娜思，红桃。

西，以斯帖·启克，黑桃。

35. 到别尔·斯决住所的距离是20千米（线索4）。距离有25千米的丹得宫不是别尔·里格林的（线索3），在考克斯可布住的是别尔·笑特（线索2），那么丹得宫一定是别尔·温蒂后的房子。我们知道别尔·斯决的住所不是丹得宫或者考克斯可布，也不是斯沃克屋（线索4），那么只能是福卜利会馆。剩下别尔·里格林是斯沃克屋的主人，但它不是房子4（线索4），而福卜利会馆也不是房子4（线索1），丹得宫也不是（线索3），那么考克斯可布一定是房子4。从线索1和3中知道，丹得宫是房子2，福卜利会馆是房子1，剩下别尔·里格林的斯沃克屋是房子3。从相同线索中知道，别尔·来格斯从福卜利会馆到丹得宫骑了25千米，接着又骑了22千米去了斯沃克屋。我们知道，最短的行程是20千米到别尔·斯决的房子，那么最长的距离就是到考克斯可布的28千米。

答案：

房子1，20千米到福卜利会馆，别尔·斯决。

房子2，25千米到丹得宫，别尔·温蒂后。

房子3，22千米到斯沃克屋，别尔·里格林。

房子4，28千米到考克斯

可布，别尔·笑特。

36.

瓦利在5号只留了一瓶牛奶（线索4），从线索2中知道，1号收到的是2或者3瓶，而劳来斯本来应该收到的是3或者4瓶（线索2）。那天布雷特一家期望得到4瓶（线索1），劳莱斯本来应该收到3瓶，而1号当天收到了2瓶（线索2），那么收到了3瓶的克孜太太（线索3）应该住在3号或7号，汀斯戴尔一家也应该住在3号或7号（线索3）。克孜订的不止1瓶（线索3），我们知道她的也不是3或者4瓶，那么肯定是2瓶，因此她住在7号（线索5）。汀斯戴尔一家住在3号，从线索3中知道，他们订了1瓶牛奶，通过排除法，那天他们收到的是4瓶牛奶。从线索2中知道，瓦利在劳莱斯家放的不是2瓶，因此他们不住在1号，那么肯定住在5号，那天收到了1瓶。剩下布雷特一家住在1号，本来订了4瓶实际上只收到了2瓶。

答案：

1号，布雷特，定购4瓶，收到2瓶。

3号，汀斯戴尔，定购1瓶，收到4瓶。

5号，劳莱斯，定购3瓶，收到1瓶。

7号，克孜，定购2瓶，收到3瓶。

37.

颇里安娜的主人已经86岁，并且不可能住在4号别墅（线索1），又知道3号别墅的主人75岁（线索4），凯特的主人住在2号别墅（线索3），那么颇里安娜一定是1号别墅主人的猫。住在1号别墅的不是马乔里（线索1），也不是80岁的罗赞娜（线索2）和拥有尼克的塔比瑟（线索5），那么一定是格里泽尔达。这样可以知道2号别墅的主人71岁（线索6），她的猫是凯特，剩下罗赞娜是80岁，并住在4号别墅里。3号别墅的猫不是托比（线索4），那么一定是尼克，并且75岁的塔比瑟住在3号别墅。通过排除法，凯特的主人是71岁的马乔里，而罗赞娜的猫是托比。

答案：

1号别墅，格里泽尔达，86岁，颇里安娜。

2号别墅，马乔里，71岁，凯特。

3号别墅，塔比瑟，75岁，尼克。

4号别墅，罗赞娜，80岁，托比。

38.

倒6次即可解决问题，有4种方法，其中一种如下图所示：

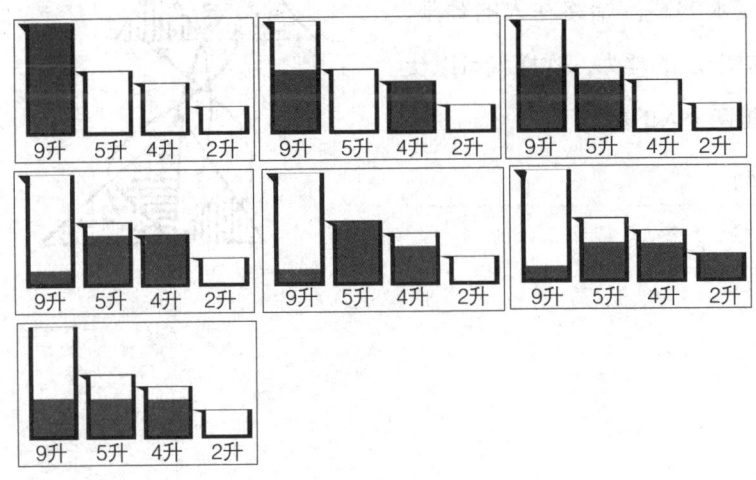

39.

最先出现的那条裂缝是图中间横向的一条,从正方形左边的中间向右延伸到右边离右上角 1/3 的地方。

通常要判断两个裂缝中哪个更早出现并不难:更早出现的裂缝会完全穿过这两个裂缝的交点。

40.

一个人先攀上软梯,另一个人待水齐到颈部时开始攀升。攀升速度与水涨的速度相等,使水的高度始终在人的颈部。借助水的浮力,软梯就可以负担两个人的重量了。

41.

3 个人。

42.

把 18 切成两个"1"和两个"0"。

43.

因为是不等边三角形,翻成反面时会变形,因此,只要将翻成反面也不会变形的部分分割成几个等腰三角形,再缝合起来即可。要分割成数目最少的等腰三角形,如图所示,只要分割成 4 片就行了。

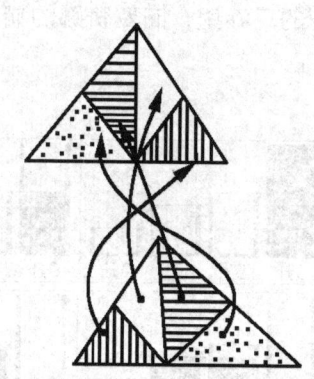

第七章
综合法

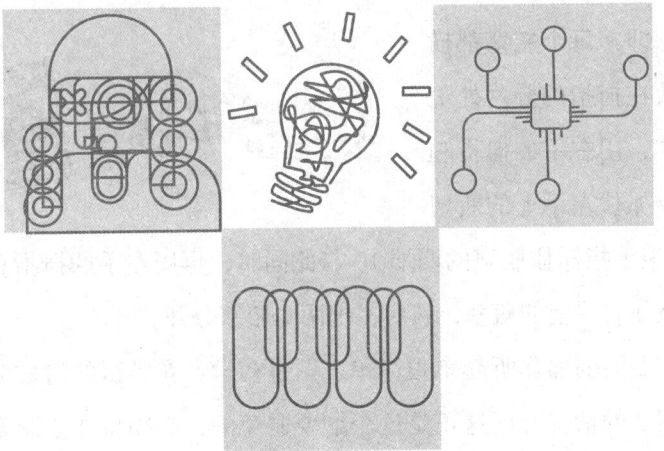

1. 瓶塞【初级】

这是一个很好的瓶塞思维游戏，你可以在你下次葡萄酒品尝会上拿它来考考你的客人。接下来，我要请19世纪最好的思维游戏出题者霍夫曼教授介绍这道题：

"准备2个葡萄酒瓶的瓶塞，然后按照图1的样子把它们夹在手上（即：每个瓶塞都横着放在拇指的分岔处）。现在，用右手的拇指和中指抓住左手上的瓶塞

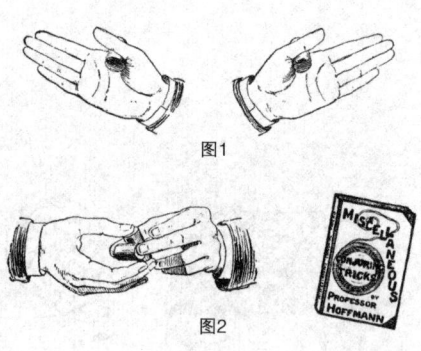

图1

图2

（两根手指抓住瓶塞的两端），与此同时，再用左手的拇指和中指抓住右手上的瓶塞，然后，把两个瓶塞分开。"

上面的操作听起来很简单，但是初学者在尝试的时候会出现图2的情况。而这正是这个题要避免的，必须将2个瓶塞自然地分开。

2. 狂欢大转盘【初级】

狂欢小丑英勒斯说得很对，这个老板是个非常迷信的人，他总是把1到11这几个数字写在转盘上并使每条线上的3个数字相加后等于18。那么，你能把这些数字正确填写吗？

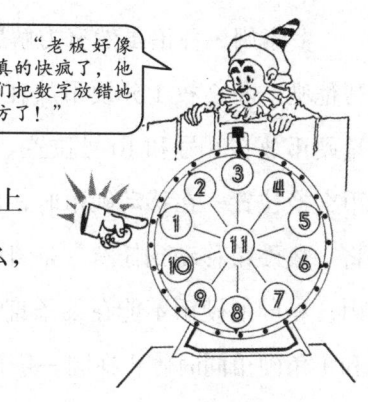

"老板好像真的快疯了，他们把数字放错地方了！"

3. 瓶子【初级】

弗朗昆教授的一个学生将一个装着写有下面语句的便条的瓶子交给了他。他向这个博学的人挑战，要解读著名的航海船长在这个便条上所写的这首诗中包含了什么：

"我现在指挥着这艘巨轮，船上装载着从世界各地运来的珍贵货物，这些东西我从来没有卖过。风也助我一臂之力，不管是港口还是海港，我最大的愿望就是能在上面自由奔跑。"

那么，你知道这位诗人船长是谁吗？

4. 置换【初级】

罗索姆·乔治虽然努力解题但仍无法得到答案,我们来帮帮他吧。将2枚1分硬币放在1号和2号位置,然后把2枚1角硬币放在8号和10号位置。我们只能通过18步把这4枚硬币交换位置。在移动硬币时,要遵循下面的规则:你一次可以将一枚硬币移动到任意一条直线上的任何一个带数字的圆圈之内;相同的硬币不能在某条直线上移动2次;不允许1分硬币和1角硬币同时停止在同一条直线上。你有15分钟的时间来解答这道题。

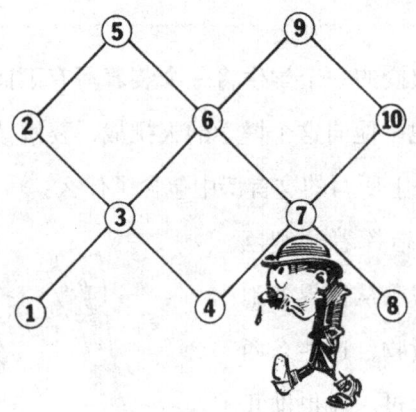

5. 惩罚【初级】

思罗克莫顿能写出这个数字吗?彭尼帕克先生给了他一道很难的题。他只能利用1,3,5,7,9这些数字来写成这个数字。很显然,诸如333、753或者717这些数字都不是偶数。那么,你能否帮助思罗克莫顿走出这个困境呢?

6. 蜂箱【初级】

右图中的蜜蜂正在设法将蜂箱中从 1 到 14 这几个数字重新排列。它们要使相邻的两个蜂房内的数字彼此不连续，同时，排列完之后，任意一个数字都不能与可以整除它的数字相邻（数字 1 排除在外）。

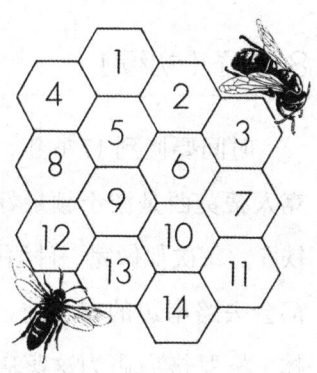

7. 牌点【初级】

这是为数不多的多米诺骨牌思维游戏中的一个，而且你完全可以把它做出来。下图是 4 个空白的多米诺骨牌。你要做的就是按照下面的规则，将 18 个点放在多米诺骨牌上：

4 个多米诺骨牌的上半部分点的总个数等于下半部分的总个数。同时，第一个多米诺骨牌上的点数要等于最后一个牌上的 2 倍。另外 2 个中的一个只有一个点，而另一个则有 2 个点（上下两部分各有一个）。有 3 个多米诺骨牌的上半部分的点数相同，有两个多米诺骨牌的下半部分的点数相同。

这听起来让人很迷惑，但是，我赌你用不了 15 分钟就

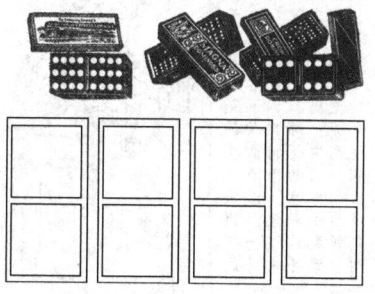

可以解答这道题。

8. 铁匠【初级】

时间要回到1776年,约克人蒂莫西是波士顿最好的铁匠。每次他做完一件酒杯,都会去路南边的布拉迪·马林·格罗格商店为这家店的老板解决高难度的思维游戏。

长凳上放着一大块儿铁皮,蒂莫西把它切成5小块儿后组成了一个正方形。那么,你能推断出他是如何做到的吗?

9. 热狗【初级】

如果你可以解决这个思维游戏,那么就可以免费得到一个热狗。

"你们好,孩子们,这次我给你们带来另外一道莫尔博斯难题。我已经把13根热狗摆成了一只面朝西的狗。那么,你们能不能只移动其中的两根热狗使这只狗面朝东呢?那只狗的尾巴要保持向上翘。它的眼睛是1枚硬币,你可以自由移动。谁先做到谁就会得到涂了芥末酱的莫尔博斯热狗!"

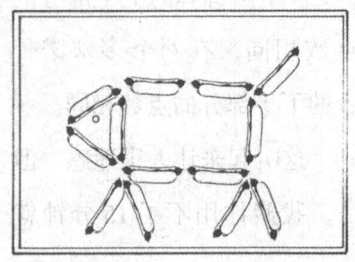

10. 玻璃杯【初级】

威灵顿·曼尼拜格斯是赌场中的名家,他身后就是一道"玻璃杯"难题。将一根火柴支撑在两个颠倒的玻璃杯的中间部位(如图所示)。现在,威灵顿打赌说他即使将其中的一个玻璃杯拿走也可以使那根火柴悬在空中。你只能拿桌子上的第二根火柴与那根火柴接触。那么,谁对他的这个赌感兴趣呢?

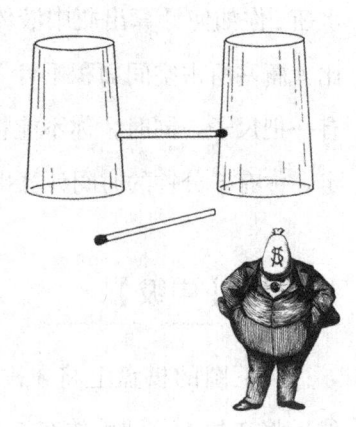

11. 标志牌【中级】

"波普,你说得不对!那个标志牌才是思维游戏呢!你的任务就是把它解答出来,即把标志牌上所有的相同字母用相同的数字来代替。如果正确完成的话,那么你会得出一个正确的数学表达式。你试试,看能不能在我们到达海滩之前把它解答出来!"

"小心,斯梅德利!前面十字路口有一个思维游戏!我们可不想错过啊!"

12. 香水瓶【中级】

右图是一个塞有塞子的未装满的科隆香水瓶,你如何计算出瓶中液体所占瓶子的百分比(瓶塞所占空间面积不计)?你能使用的只有一把尺子,同时,你不能将瓶塞从瓶子上拿走。你有5分钟的时间计算出结果。

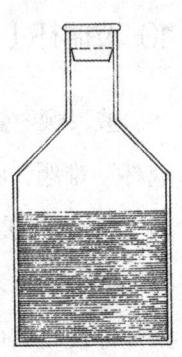

13. 调换【中级】

在下图的棋盘上将3枚5角硬币放在1、2、3号方格内,然后将3枚1角硬币放在5、6、7号方格内,接着再将它们的位置互换。在这个过程中,你可以将硬币移动到与之相邻的空格内或将其从与之相邻的硬币上跳到后面的空格内,你可以沿水平或者垂直方向移动。请设法在15步之内将硬币相互交换位置。

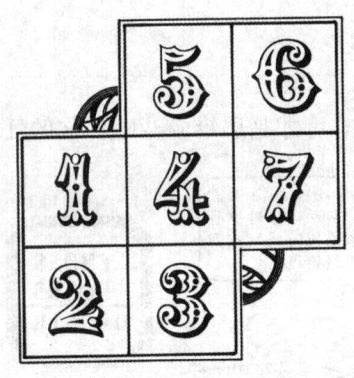

14. 可可豆盒【中级】

在这道甜味题当中,你遇到的是一个密封的贝克早餐可可豆盒,里面装满了可可豆。另外,还有一把15厘米长的尺子。

那么，你能否在不打开盒子的情况下，测量盒子内部的尺寸并计算出盒子主要对角线的长度呢？

比如这条从底部右侧前角（B）到顶部左侧后角（A）的直线，盒子内有4条这样的直线。盒子侧面、底顶部

以及底部的厚度可以忽略不计。通过数学计算你可以得出结果，但是有一个更为简单的方法，即只利用尺子直接测量，我们要找出这个方法。

我们已经将体积因素排除在外，因为它们并不是找出这个方法的关键所在。那么，你能找到这道题的解答方法吗？

15. 骰子【中级】

这道题需要你准备3个骰子。先在桌子上放一个骰子，然后把另外2个骰子夹在拇指和食指之间。接着，与在场的人打赌，说他们不能按照图中所示的角度将2个骰子并排放在桌上的那个骰子的顶部。不用说，他们每次都会失败。当他们最终认输时，你可以毫不犹豫地将骰子稳稳当当地放在上面。你如何去做呢？

16. 扑克牌点【中级】

这次,我们的英雄智穷力竭了,我们来帮帮他吧。题是这样的:从一副牌中挑出 4 张 5,然后,把它们正面放在桌上。你如何使 20 个牌点只显示出 16 个?你有 10 分钟的时间来解答这道题。

17. 蜘蛛【中级】

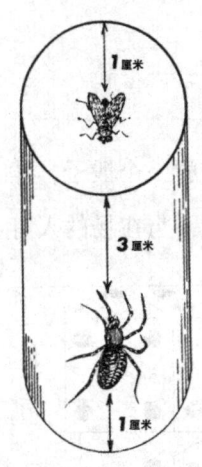

你不能被这个问题难倒。左图的玻璃圆柱体高 4 厘米、周长 6 厘米。圆柱体外面有一只蜘蛛,距离圆柱体底部 1 厘米;里面有一只苍蝇,距离圆柱体顶部 1 厘米。蜘蛛看到苍蝇后,找出了到圆柱体内部最近的路线,然后猛扑向苍蝇。那么,蜘蛛的行走路线是怎样的?同时,它走的路程有几厘米呢?

18. 大学男生【中级】

"请多寄些钱过来。"这位大三学生已经把钱花完了,他在向家里要，而他的请求只有当他的爸爸解读之后才能得到回复。信中的每一个字母代表一个数位上的数字——数字是从 0 到 9，其中的一些数字被重复使用。那么，这位大三学生想要多少钱呢？

19. 城堡【中级】

很多年以前，格力姆斯力城堡的高塔顶内关押着 3 个人：一位老国王、他的儿子以及女儿，他们的体重分别是 97.5 千克、52.5 千克以及 45 千克。他们与地面唯一的交流工具就是一根绳子，绳子绕在滑轮上，绳子两端各系着一个篮子。一个篮子落地时，另一个篮子刚好到他们窗户的对面。如果一个篮子比另一个篮子重，那么很自然，重的那个篮子就会下降；但是，如果两边的重量差超过 7.5 千克，那么它在下降时就会很危险，因为速度太快的话，哪个人都无法控制。他们只能在这个塔里找到一颗重量为 37.5 千克的炮弹。

如果他们想逃走，那么，他们应该怎么做呢？

20. 滑行路线【中级】

一个男孩为了考验自己的滑冰技巧，滑完所有的白色方块共走了 17 条直线（有些方块重复，但最多只在某处方块上重复了 4 次），没有经过任何黑色方块。请你画出他的滑行路线，起点是黑点，终点在右下角。

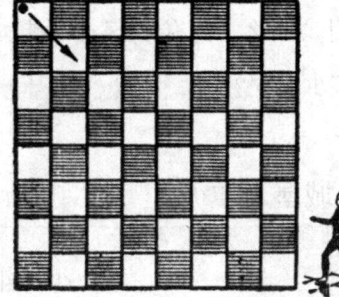

21. 禁酒时期【中级】

在禁酒时期，斯威夫特·奥布莱恩是芝加哥北部最聪明的烈酒走私者。现在我们看到斯威夫特正把班尼最好的 20 箱烈酒送到他选出的 4 个客户那里。他是这样分配的：

汉拉迪的酒吧获得的酒比荷兰人的咖啡厅多 2 箱。

埃德娜的海德威酒吧比萨尔的酒吧少了 6 箱。

萨尔的酒吧比汉拉迪的酒吧多 2 箱。

荷兰人的咖啡厅比埃德娜的海德威酒吧多 2 箱。

那么,这几个酒吧各自获得几箱酒呢?

22. 第一【中级】

我们战胜了无敌舰队,这是一场伟大的胜利,请大家原谅我的措辞,这场胜利使我们成为欧洲的老大,为了纪念它,我以我的名义创作了下面这道题:找出由同一个数字组成的两个数,这两个数不论相加还是相乘,结果都相同。

23. 打赌【中级】

把一副扑克分成两堆,确保其中一堆扑克全是红色,另一堆扑克全是黑色。然后,把这两堆扑克放在一起,彻底进行洗牌,最后把整副扑克牌放好。接下来,你宣布说你将一次从顶部拿走 2 张牌,并打赌:如果这 2 张扑克牌的颜色相

同，你要输 2 元；如果这 2 张扑克的颜色不一样，那么，你要赢 1 元。

如果打这个赌，那么，这副扑克在每次玩完之后你至少会赚多少钱呢？

24. 幻方【中级】

那位优秀的代课老师——普里西拉·孙珊女士今天给我们上数学课。大家注意听啊！

"你们的老师——特雷西先生告诉我们需要在解答幻方上面多加练习。现在，我把 9 到 16 这几个数放在黑板上这个正方形的边的周围，同时，各边上的 3 个数字相加的结果都是 36。你们的任务是将其中的 8 个数字重新排列，使各边上 3 个数字相加的结果都等于 37。"

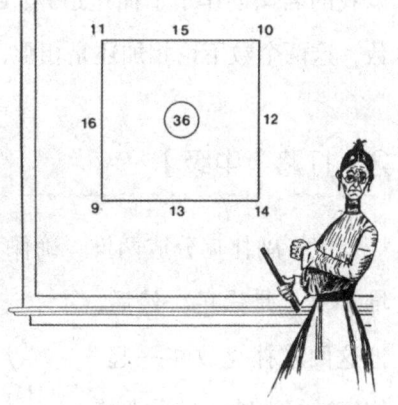

25. 书【中级】

第一个学者："亨利·德朗普斯所著的《自然力奇术解密》的未删节版本上说，如果你吸足气就完全可以把很重的物体吹

倒（比如，他举了魔术师派尼蒂的例子：这位魔术师在一本字典的顶部放了一大本书，然后只用了几口气就把两本书都吹翻了）。"

第二个学者："他肯定不只是用气吹的，也许他还用了托盘呢！"

那么，你能帮这两位学者找出这个秘密的奥妙所在吗？

26. 圣诞老人【中级】

这个很棒的思维游戏你可以等到下次圣诞派对时使用。右图的正方形里有 2 个圣诞老人，把这个正方形打印 12 份，然后交给你的客人。告诉他们这个圣诞老人思维游戏要求把这个正方形切成 4 份，然后把它们重新拼成 2 个独立的正方形，而且每个正方形里各包括一个完整的圣诞老人。你能解决这个问题吗？

27. 手表【中级】

这个小个子的老钟表匠过来考验你对准确性和规律的把握能力。他从自己的名贵手表当中拿出9块，他要求你做的是将这些手表排成10个组合，每个组合3块。你能在15分钟之内解决吗？

28. 蚂蚁回家【高级】

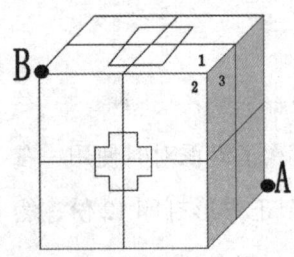

找4个立方体纸盒子堆成一个大立方体（如图所示）并标上相应的符号。

现在有一只蚂蚁在A处找到了食物，它要把食物搬回家（B）。因为食物比较重，小蚂蚁想找一条最近的路线，可是它冥思苦想怎么也想不出。你能帮助小蚂蚁找到这条路线吗？

29. 五碗巧搬【高级】

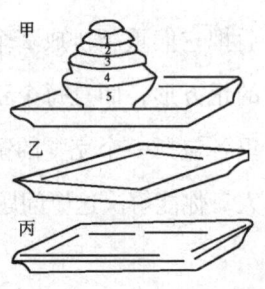

有5个碗，按次序叠好放在甲盘里，一次一只往丙盘搬（如图），大碗不能压小碗。试试应该怎样搬？

30. 聪明搬动【高级】

这是一座小型公寓的平面图,里面放着不少家具:办公桌、钢琴、床、沙发和书橱。只有 2 号房间暂时没有放家具。租用这座公寓的房客想把钢琴和书橱对调一下位置,但房子太小了,任何一个房间都不能同时容纳两件家具。幸亏有工人帮忙,可以把家具从一个房间移到另一个房间,这样依次移动下去,最后总能解决这个难题的。但是,怎样做才能用最少的搬动次数来达到钢琴和书橱互相换位的目的呢?

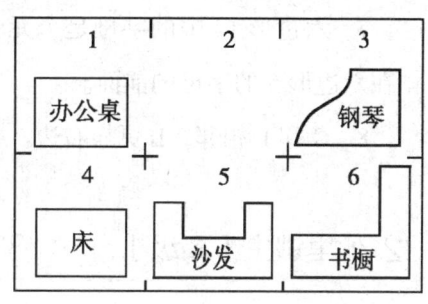

31. 蜂窝【高级】

由 14 个小六边形组成了一个蜂窝状图形,每个小六边形都包含字母 A 到 N 中的一个。你能把各个字母按以下线索填进各个小六边形中吗?

1. 字母 A 在 F 的右下角,且紧挨着 F,并在 M 的左上方。

2. 六边形 1 中的字母是字母表中前 5 个之一。

3. 字母 H 在 D 的右上方,这两个字母的周围均不包含元音字母。

4. N 和 I 在垂直线上，N 在较高的位置。

5. 六边形 7 中的是字母 K。

6. 六边形 9 中的字母在字母表中的位置要比它上方六边形 4 中的字母前 2 位。

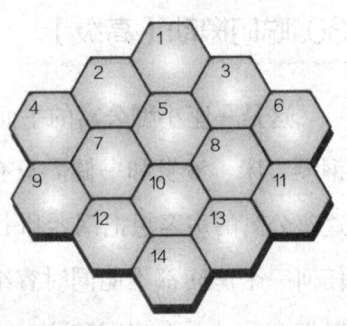

7. 六边形 14 中的字母是个元音字母，在字母表中，它紧排在六边形 5 的字母的前面。

8. G 和 L 相邻，L 更靠右边。

32. 死里逃生【高级】

如下图，两个人质的手腕连在一起。他们剪不断绳子，也解不开绳结，但他们却逃了出来。他们是怎么办到的？

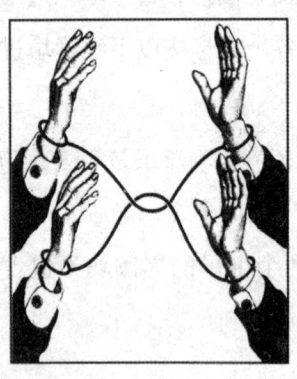

33. 七角星【高级】

如图的七角星中有 15 个小圆圈。请把 1～15 这 15 个数分别填入圆中，使每一个菱形的 4 个数的总和都为 30。快试一试吧！

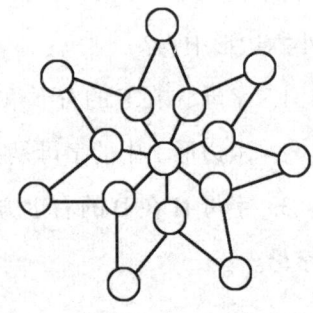

答 案

1.

　　这道题的秘密就在于两只手交叉时的位置。没有经验的人将两只手交叉时，手掌往往朝向身体，这样就会出现我们所描述的结果。要解决这个难题，要把右手的手掌向内转并把左手的手掌向外转，然后再抓住瓶塞。这样，两只手不仅不会相互交叉在一起反而会轻而易举地分开。

2.

中间数字为：6。

5 + 6 + 7

9 + 6 + 3

10 + 6 + 2

11 + 6 + 1

8 + 6 + 4

如下图所示：

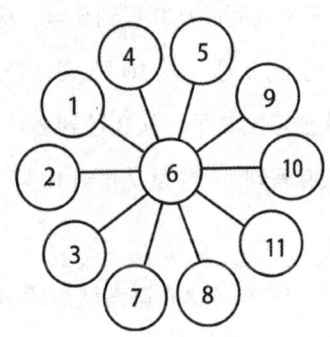

3.

　　这位船长当然就是诺亚了。他的那艘巨轮装载了来自世界各地的动物，这些动物自然不是为了出售。因为没有陆地，所以他根本无须担心风向问题，所有的港口都被水淹没，他最希望的就是找到陆地将船停泊。

4.

移动的步骤如下：从2号到3号、从8号到5号、从10号到7号、从3号到9号、从5号到2号、从7号到4号、从9号到6号、从4号到10号、从6号到8号、从1号到6号、从2号到4号、从6号到5号、从4号到3号、从10号到9号、从5号到7号、从3号到2号、从9号到1号、从7号到10号。

5.

这个问题的答案就是用分数来表示整数，比如$3\frac{3}{3}$，即等于偶数4。其他例子：$9\frac{9}{9}$，即偶数10；$7\frac{7}{7}$，即偶数8。

6.

这道题的解法有很多。下面是其中一个：

7.

第一个多米诺骨牌：上半部分有6个点；下半部分有4个点。

第二个多米诺骨牌：上半部分有1个点；下半部分有1个点。

第三个多米诺骨牌：上半部分有1个点。

第四个多米诺骨牌：上半部分有1个点；下半部分有4个点。

如图所示：

8.

答案如图所示:

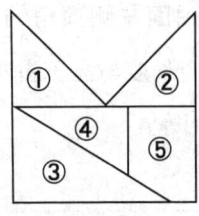

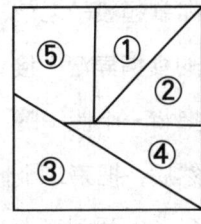

9.

答案如图所示:

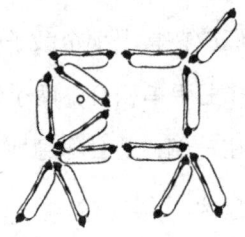

10.

在拿走玻璃杯之前,先把第二根火柴点着。然后,再用它点着支撑在两个玻璃杯之间的那根火柴;当这根也点着时,等一两秒钟,然后吹灭。稍等片刻,这根火柴就会熔贴在玻璃杯上。然后,你可以将另一侧的玻璃杯拿走,这时,这根火柴将会悬在空中。

11.

$$\begin{array}{r}96233\\+\ 62513\\\hline 158746\end{array}$$

12.

首先,测量瓶子内液体的高度。然后,将瓶子颠倒,并测量瓶子内空气柱的高度。将这两个高度相加,便得出一个虚构圆柱体的高度。现在,用液体的高度除以圆柱体的高度,这样便可以得出瓶内液体体积所占瓶子的百分比。如果虚构圆柱体的高度是5厘米,而液体高度是4厘米,那么,用4除以5,得出80%,即液体体积所占的百分比。

13.

答案为：从1号移到4号、从7号移到1号、从6号移到7号、从5号移到6号、从3号移到5号、从2号移到3号、从1号移到2号、从7号移到1号、从6号移到7号、从5号移到6号、从3号移到5号、从2号移到3号、从1号移到2号、从7号移到1号、从4号移到7号。

14.

将盒子的一边沿着桌边放置，并在桌子上留出与盒子一样宽的长度（即，a的长度与b的长度相等，如图所示）。现

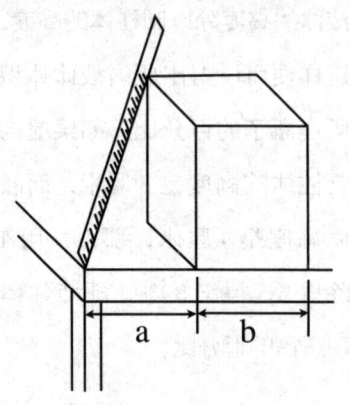

在，拿起尺子，并将它放在桌子角的末端，然后，测量桌角与盒子后面左侧顶角的长度。那么这个长度与盒子主对角线的长度相等。

15.

当你拿起骰子之前，偷偷地把你的食指弄湿。接着，让这个手指将一个骰子的一个面沾湿。然后，把第二个骰子贴在那个骰子的沾湿面上，用拇指与食指将两个骰子夹住，这样持续夹住两个骰子。接着，把它们放在桌上那个骰子的上面，并把手指松开，两个骰子将粘在一起，并会稳稳地停在下面的骰子之上。

16.

按照如图所示的样子将4张扑克牌放在一起，每张扑克牌的右上角都彼此相互重叠，就能显出16个牌点了。

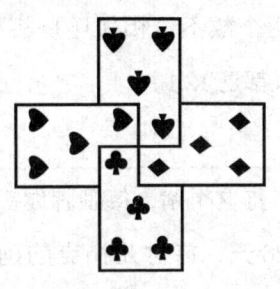

17.

解决这道题之前，先把这个圆柱体想象成一个展开的平面（如下图所示）。苍蝇的位置在 F 点，蜘蛛的位置在 S 点。将左边的线段延长 1 厘米至 B 点，线段 BS 与图中顶端线段相交于 A 点，而这个点就是蜘蛛应该从圆柱体边上经过的地方。蜘蛛行走的路线就是一个直角三角形的斜边，这个三角形底边长 4 厘米、高 3 厘米。这样，斜边长为 5 厘米，这是蜘蛛所能走的最短路线。

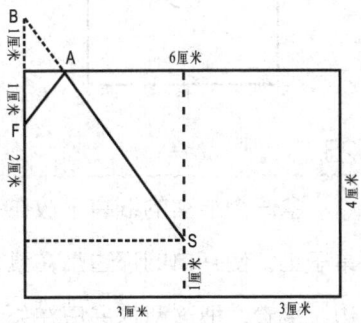

18.

这位大三学生需要 10652 元。

```
  SEND      9567
+ MORE    + 1085
-------   ------
 MONEY     10652
```

19.

女儿将炮弹作为平衡物先下去，然后国王和儿子把上面篮子里的炮弹取出来，让儿子下去，这时让女儿作为平衡物。接着，让炮弹单独下去，当它落地时，让儿子和炮弹作为平衡物，他们的合力可以使国王下来。王子然后从篮子里出来，再让炮弹单独下去。接着，女儿下去，炮弹上来。儿子再把炮弹取出来，然后单独下来，他的妹妹上去。女儿接着把炮弹放在另一个篮子里,使自己降落到地面上。

20.

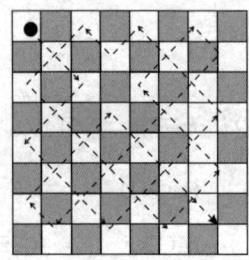

21.

斯威夫特是按如下方式分配酒的:

萨尔的酒吧获得 8 箱——比汉拉迪的酒吧多 2 箱。

汉拉迪的酒吧获得了 6 箱——比荷兰人的咖啡厅多 2 箱。

荷兰人的咖啡厅获得 4 箱——比埃德娜的海德威酒吧多 2 箱。

埃德娜的海德威酒吧获得 2 箱——比萨尔的酒吧少 6 箱。

22.

这两个数分别是 11 和 1.1。

这两个数不论相加还是相乘,结果都是 12.1。

23.

打这个赌,每副牌你都会赢 26 元。每对儿扑克的确是一张红、一张黑。因为每堆扑克底部的扑克牌颜色不同,所以当你洗牌时,扑克牌都是交互排列的。你自己不妨试试看。但是,你只能洗一次牌。

24.

下图所示答案是将数字放在正方形边周围的一种方法。

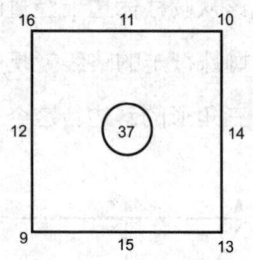

25.

拿一个结实的纸袋子放在桌子上,使开口的那边悬在桌边。接着,把这两本书压在袋子的另一边。现在，你要做的就只是往袋子口里吹气，但是袋子要贴紧嘴巴，保证不漏气。只要使劲吹两下，书肯定会倾斜并翻倒。

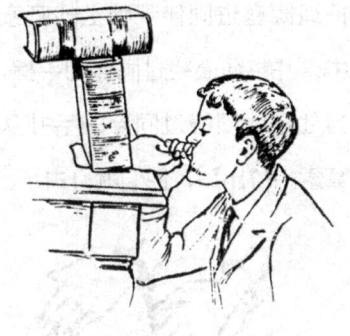

26.

拿起笔和尺子，将正方形画成25个小正方形（如图1所示）。再将正方形切成4块儿

（沿着深色线切），把这4块儿标成1至4部分。如果你按照图2和图3将这4部分重新拼的话，那么，你会拼成2个正方形，而每个正方形都各有一个完整的圣诞老人。

27.

答案如下图所示：

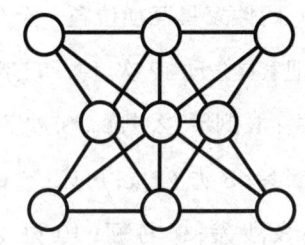

28.

将立方体展开（如下图所示），A和B的连线就是最短的路线。

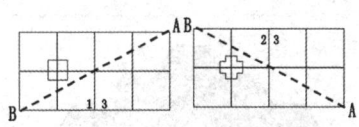

29.

1入丙；2入乙；1入乙；3入丙；1入甲；2入丙；1入丙；

4入乙；1入乙；2入甲；1入甲；3入乙；1入丙；2入乙；1入乙；5入丙；1入甲；2入丙；1入丙；3入甲；1入乙；2入甲；1入甲；1入丙；4入丙；1入乙；2入乙；1入乙；3入丙；1入甲；2入丙；1入丙。

30.

两件家具互换位置，至少要把家具搬动17次。搬动的顺序是：1.钢琴；2.书橱；3.沙发；4.钢琴；5.办公桌；6.床；7.钢琴；8.沙发；9.书橱；10.办公桌；11.沙发；12.钢琴；13.床；14.沙发；15.办公桌；16.书橱；17.钢琴。

31.

32.

很容易就能使他们分开。一个人质用双手抓住他的绳子，使他的绳子在他同伴的另一侧形成一个松弛的绳圈。然后他把绳圈塞进同伴手腕上的套索中，并将绳圈绕过同伴的手指。当他把绳圈绕过同伴的手并从套索中拉出后，他们就自由了。

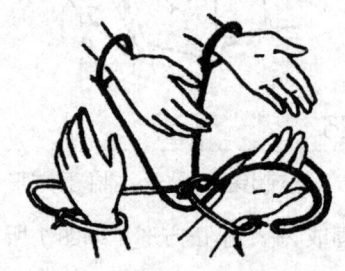

33.

如图：

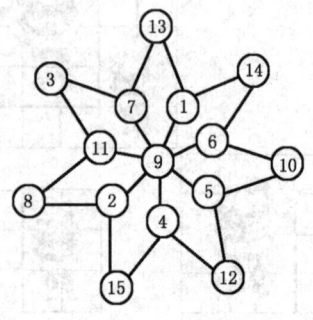

第八章
推理法

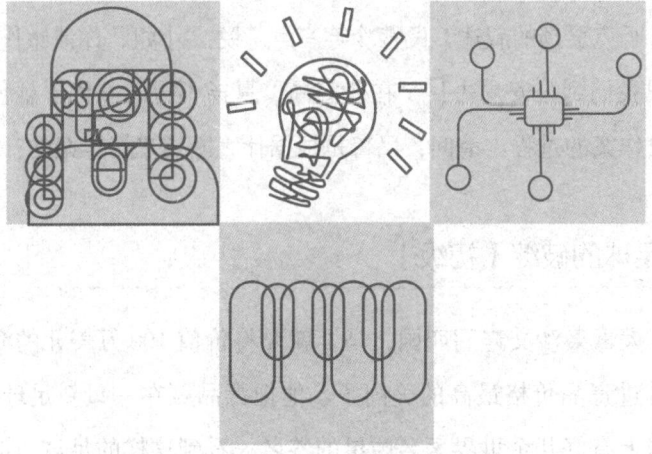

1. 抢钱的破绽【初级】

一名女出纳员拎着一个空手提包向民警报案:"我叫夏扬,是远华进出口公司的出纳员。上午9点钟,我去市农业银行取了10万元人民币放进手提包里,当我走到十字街口的时候,一个骑摩托车的歹徒突然停在我身边,狠狠地打了我一拳,我头一晕,倒在了地上,当我醒来时,手提包里的10万元人民币不见了。"

听完夏扬的叙述,民警冷笑一声,说:"小姐,你涉嫌作案,请跟我们到公安局去!"在公安局,夏扬不得不交代了她伙同男友作案的过程。请问:民警是根据什么断定夏扬作案的?

2. 足球的破绽【初级】

大毒枭沙文连闯四国,马上就要将价值100万美元的海洛因带进毒品价格最高的美国了。他把毒品藏在一只新足球内,足球上有好几个世界著名球星的签名,看到这样的足球,谁还会贸然剖开足球检查呢?

然而，他在纽约机场遇到了反毒专家——警官波特。波特甚至没有掂一掂足球的分量，仅是看了看网兜里的足球，就说："先生，请你到毒品检查站来一趟，你的足球有问题。"沙文急坏了，大声说："球星签名的足球，有什么问题呀？"试问：波特是怎么说的呢？

3. 血型辨凶手【初级】

这是个十分奇妙的案件。兄弟俩感情破裂，原因是为了争夺家产，见面也像仇人似的。一天，哥哥被发现死在街头，而弟弟从此后失踪。警方在现场侦查，发现了以下资料：死去的哥哥的血型是 A 型，而在他身上，还发现另外一些血液，是属于凶手的，则为 AB 型。

警方发现死者父亲的血型是 O 型，母亲的血型是 AB 型，但失踪的弟弟的血型却不清楚。凭以上的资料，你认为失踪的弟弟会不会是凶手呢？

4. 谎言的破绽【初级】

在家休息的老罗接到一个电话，对方想在隔周的星期五拜访他。但老罗说："那天上午我要开会，下午 1 点要参加学生的婚礼，4 点要参加一个朋友的孩子的葬礼，随后是我姐姐的公公 60 寿辰宴会……所以那天我没时间接待您了。"

老罗的话里有一个地方不可信,是什么地方?

5. 他绝不是自杀【初级】

探长被人发现在自己办公室内自杀,他所用的是自己的佩枪。到现场调查的探员,在佩枪上发现了探长的指纹。探长平时习惯用右手握枪,自杀时用的也是右手。因此,现场调查的探员推断他是自杀无疑。但探长的好友卡特却认为探长性格坚强,不可能自杀。他经过观察、分析后,提出有力证据,证明探长是被人谋杀。

请你细心观察右图,你能指出卡特提出的证据是什么吗?

6. 受过伤的死者【初级】

"死者的右手上个月被打断了,一直不能动弹。我们在他裤子的左兜里面发现了一包香烟,在右兜里面发现了一盒火柴。"探长听了手下的话说:"那他肯定是被杀的。"

你知道这是为什么吗?

7. 失窃的海洛因【初级】

深夜,罪犯潜入一家医院的药房,从药品柜里盗走了一大瓶只贴着化学式标签的海洛因。当时因被保安人员发现，所以罪犯用匕首刺死保安人员后逃走了。经调查，警方找出两个嫌疑人：一个是刚来医院不久的实习医生；另一个是前几天才进医院的患者，是个青年农民。后者是在下地干活时遭到老虎袭击负伤住院的。作案现场的药品柜里摆着许多药瓶子，但罪犯只拿走了装着海洛因的瓶子。

你知道罪犯是谁吗？

8. 是银圆还是红枣【初级】

商人外出，把一坛封口的银圆说成是红枣，托邻居保存。商人外出好几年没回来。一天，邻居打开坛子，把银圆拿走了。

听说商人回来，邻居在坛子里装上新红枣，封口后还给商人。商人打开一看，呀，银圆变成了红枣，就问："坛子里的银圆呢？"邻居不承认，两人吵起来，一同去见县官。县官审问那邻居。邻居很有理："他把坛子交给我时说的是红枣呀！"县官仔细看了看红枣，把桌子一拍，要这邻居快把银圆交出来。这邻居大喊冤枉。县官摆出事实，他才低头认错。邻居乖乖地把一坛子银圆还给商人。

你说知道县官是凭什么判断的吗？

9. 沙漠归来【初级】

在酒吧，侦探霍恩遇见一个满头金发、面孔黝黑的青年在大谈生意经:"昨天我才从沙漠地带回来,洗尽一身尘垢,刮去长了好几个月的络腮胡子,修剪好蓬乱的头发,美美地睡了一夜。最值得庆幸的是,我的化验分析报告证实,那片沙漠地带有个储量丰富的金矿。假如有谁愿意对这有利可图的项目投资的话,请到210号房间,这儿不便细谈。"霍恩端详着他那古铜色的下巴,讪笑着说:"你若想骗傻瓜的钱,最好把故事编得好一点!"

试问,霍恩为什么会这样讲?

10. 智擒盗贼【初级】

华盛顿小时候就聪明过人,在他的家乡威斯特摩兰至今还流传着他智捉盗马贼的故事。

有一天,村里的一个孤老爷爷的马被人偷走了。村民们帮忙四处寻找,终于在牲口市场找到了那匹马。可是,盗马贼死活不承认这是偷来的马。由于马的主人这时又拿不出有力的证据来,盗马贼反咬一口,说村民们诬陷他,说着骑上马就想溜。

这时,华盛顿赶来了。他用双手分别蒙住马的眼睛,紧接着问了盗马贼几个问题,很快就诱使盗马贼在众人面前原形毕露,只好承认自己的丑行。你知道他问了什么问题吗?

11. 巧搬巨石【初级】

古时候,某城的城墙在雨中山脚崩塌,塌下来一块巨石挡在道当中。正巧,第二天,皇上要到城里的寺庙去上香,必须使道路畅通无阻。官员们四处寻找力工,要他们把石头搬走,但因下大雨,场地泥泞,石头怎么也搬不走。眼看时间就要到了,要是皇帝怪罪下来怎么办呢?

正在这时,有人想出了一个办法,解决了这个问题。你知道他用什么办法解决了这个问题吗?

12. 永不消失的字【初级】

舒克家的隔壁在盖房子,因为隔壁的人在建筑地以外的地方竖立起一块很厚的木板,算是违法建筑。舒克看到这种情况后非常生气,就用墨汁在纸上写着大大的"违法建筑"四个字,贴在木板上,可是到了第二天,这四个字不见了。于是,舒克又想了一个办法,不管他们再怎么擦,或是用其他办法覆盖,或者挖掉,都没能让字从木板上消失。

请问舒克用了什么办法?

13. 狡诈的走私犯【中级】

霍普是个国际走私犯,每年从加勒比海沿岸偷运大量钻石,从未落网。

据海关侦查,6个月前他曾在海关露面,开一辆新出厂的黑色高级蓝鸟敞篷车。海关人员彻底搜查了汽车,发现他的3

只行李箱都有伪装的夹层，3个夹层都分别藏有一个瓶子：一个装着砾岩层标本，另一个装着少量牡蛎壳，第三个装的则是玻璃屑。人们不明白他为什么挖空心思藏这些东西。更奇怪的是，他每月两次定期开着高级轿车经过海关，海关人员因找不到证据，每次都不得不放他过去。

迷惑不解的海关总长找名探洛里帮助分析，洛里看着"砾岩层、牡蛎壳、玻璃屑"深思着。"这些东西有什么意义？"总长心急地问："他到底在走私什么东西？"洛里点燃烟斗，沉思良久，恍然大悟，笑着说："这个老滑头，你把他拘留起来好了。"

霍普到底在走私什么东西？

14. 识破伪证【中级】

桥下浮起一个被淹死的女孩，对于这个女孩，周围的人一无所知。警察正为这个案子一筹莫展时，有个男人划着小船急速地向桥这边驶过来。他向警察提供了这样的证词："刚才我向桥下划来时，亲眼看见这个女孩在桥上脱下帽子，随后跳下了河。"他满脸憨厚，语句真切，周围的人一下子全都相信了，纷纷议论起来。可是精明的警察一下子就识破了这个男人的谎言。

请问，警察是怎样判断出来的？

15. 巨款仍在【中级】

已到暮年的北极探险家巴斯，过着独居生活。一天，他被暗杀在密室中，放在密室壁内保险柜里的 40 万美元被盗去。根据这里特有的防范措施，警方认定罪犯并没有将这笔巨款带出住宅，而是藏在宅内某处，等日后伺机取走。于是当局公告拍卖巴斯的私人财产，警长布里和刑事专家伯纳来到了探险家的庄园。博物厅里，拥挤的顾客正在注视着死者一生中 5 次去北极探险获得的纪念品——两只北极熊标本、1 只企鹅标本、3 只大龟标本，以及爱斯基摩人的各种服装、器皿和武器。警长预计罪犯会来，因为拍卖时间只有两天，但他担心警署人员不可能周密地注视到每个房间。伯纳说："很关键，罪犯肯定会到这个房间里来取某样东西。"

请问：罪犯究竟会到这个房间里来取什么呢？

16. 福尔摩斯【中级】

泰晤士河畔的一座公寓里发生了一起凶杀案。罪犯十分狡猾，当福尔摩斯赶到案发现场时，发现连时钟都被砸碎了。侦探找到了一块碎片，长针和短针正好各指在某一刻度上，长针比短针多 1 刻度，但看不出具体时间（如图）。福尔摩斯却从中分析出了作案时间。你知道是几时几分吗？

17. 最有可能的贼【中级】

珠宝店一颗贵重的钻石被人偷走了。现场没有任何的指纹，唯一的线索就是小偷用尖利的东西划开了玻璃，从而偷走了里面的钻石。谁最可能偷走钻石？

18. 吞蛋送命【中级】

王忠准备生吞 10 枚鸡蛋。他这样表演，是因和朋友打赌引起的，可惜他不知道其中一个朋友赵三对他有谋害之心。王忠打开第一枚鸡蛋，仰起头猛吞下去，接着又吞下两枚，赢得了全场的掌声。第四枚鸡蛋被打开，一口吞下时，只见王忠面色一变，吐了一口鲜血，话也说不出来了。在场的人大惊，忙把他送进医院，经抢救才脱险。警官接手调查此案，查到鸡蛋是赵三提供的，里面有钢针，于是逮捕了他。你知道赵三是如何把钢针放入鸡蛋的吗？

19. 悬赏启事【中级】

罗蒙德医生的一块祖传怀表丢失了。他吩咐司机路里在当地报纸的广告栏里登了一则寻找怀表的启事。此刻，罗蒙德正拿着报纸仔细看着启事。启事登在中缝，标题是"找到怀表者有赏"。全文如下："怀表属祖传遗物，悬赏 250 美元，有消息望告知，登广告者 LMD361 信箱。"路里正在花园里干活，这时，门铃响了,开门一看,外面站着一位绅士。他恭敬地说道:"我叫亨利。我是为那则怀表启事来的。怀表是你的吗?"罗蒙德想不到这则启事还真管用。他激动地抓住亨利的手说:"是的,就是这块表。真是太感谢你了。你是在哪儿捡到的?"亨利说:"这表不是捡到的,是我在车站看见一个小孩兜售这块表,就用5美元买了下来。今天,我从报纸上看到广告,马上就赶来了……"罗蒙德还没等亨利说完,便和路里将他扭送到了警察局。

试问,亨利在什么地方露出了破绽?

20. 名画失窃【中级】

侦探卡尔正在书房里翻阅案卷,他的助手拿着一份匿名电报走进来。只见上面写着:"蒙特博物馆有幅世界名画被盗,请速来侦破。"卡尔站起身来,看了看表说:"现在是晚上11点,不管是真是假,我们去看看!"说完就出门驾车而去。博物馆展厅里站着一男一女两个管理员。卡尔说:"我是卡尔探长,刚才接到通知,说贵馆有幅世界名画被盗了,请带我先查看一下现场。"检查完毕,卡尔觉得不像是外部偷盗,就让那两名管理员讲讲失窃前后的情况。女管理员说:"7点钟下班时,我们一起锁上大门,然后就各自回家了。几分钟前,他通知我说有幅名画被盗,我就赶来了。"男管理员接着说:"我回家后想起有本书遗忘在展厅里,就又回来取书,结果发现名画不见了。我马上给她打电话。"卡尔问:"你们7点钟关门时画还在吗?""还在。关门前我还给画掸过灰呢。"男管理员答道。卡尔请女管理员讲讲自己的看法,她说:"我对发生的这一切都不知道。依我看,肯定是偷画人给你拍的电报,想故意把水搅浑,这种贼喊捉贼的把戏在众多案件中屡见不鲜。"

"你说得对极了,那幅名画就是你偷的!"卡尔探长说完,让助手给女管理员戴上了手铐。

你知道这是为什么吗?

21. 遗嘱【中级】

这份遗嘱是易斯特维奇伯爵在几个世纪之前留下的,内容十分生动。那么,你能从中推断出他想给自己的后人留下什么东西吗?

"致我挚爱的家人,他们为此已经等待了很长时间,现将以下东西留给后人:
一个人对这个东西爱得胜过自己的生命,而恨得却胜过死亡或者致命的斗争。
这个东西可以满足人的欲望,它是穷人所有的、却是富人所求的,它是守财奴所想花费的、却是挥霍者所保留的,然而,所有人都要把它带进自己的坟墓。"

22. 谁是盗贼【中级】

一个规模庞大的珠宝展在国际商贸大厅举行,其中最引人注目的是一粒巨大的钻石，价值超过千万元。为了防止这粒钻石被人偷去，珠宝商特邀一家防盗公司设计制作橱柜，上有防盗玻璃，可以抵御重锤乃至子弹袭击，不会破裂。同时在会场中有防盗设施如摄像探头等。在开幕的那天，人山人海，一个男子迅速地走到了玻璃柜前，用一个重锤向柜子一击，玻璃竟然破裂，男子抢去钻石，乘乱逃去。警方事后到现场调查发现，玻璃的确是防盗玻璃，而摄像头则刚好只拍到盗贼的手，看不见他的真面目。那么到底谁是盗贼，又用什么方法打破了防盗玻璃呢？警方根据防盗玻璃的特性，很快抓到了盗贼。

你能判断出谁是盗贼吗？为什么？

23. 抢劫【中级】

当布莱克·巴特第十三次袭击丹佛公共马车时，他实在是不走运。他抢到的唯一的现金是在一个推销员的旅行包里发现的，这些硬币总计5元，而这5元正好是由丹佛铸币厂铸造的100枚硬币组成。那么，你能判断出各种硬币的面值以及包内各种硬币的个数吗？

24. 棋子【中级】

这个思维游戏需要准备黑、白棋子各 4 枚，然后放在棋盘上（如图所示）。你所面临的挑战是要用 10 步将这 8 枚棋子交换位置。

游戏规则很简单，即：黑棋向下移动，白棋向上移动。所有的棋子要么向前移动到空格内，要么跳过一枚或者两枚棋子跳到空格内。你有 10 分钟的时间解答这个题。

1 ●	2 ●
3 ●	4 ●
5	6
7 ○	8 ○
9 ○	10 ○

25. 形状【中级】

事情发生在 1877 年，雷诺德教授的展示引起了轰动。其中之一就是幻灯片思维游戏，他是借助自己一个著名的发明——实用镜来完成展示的。他正在这里表演这个称作"迷惑人的形状"。图中屏幕中显示的上下两个形状分别是一个实心木块儿的正面图和侧面图。通过对这两幅图的研究，你能推断出这个物体的形状吗？

26. 生日【中级】

古特洛克斯先生突然忧虑起来。你能否根据他所说的话判断出他的生日是哪一天呢？

"名声在外有什么好处？随着时间的流逝，财富又有什么好处呢？两天前我还是54岁，明年我就57岁了。这意味着什么呢？"

27. 关系【中级】

图中这位先生很高兴，他对自己的新收藏的艺术品非常满意。但是，有一个大问题，这幅画上的人是谁呢？同时，这位艺术收藏家和这幅杰作上的主人公之间是什么关系呢？

"达芙妮，你觉得怎么样？这是我拜托威廉·法卡帮我画的。这幅肖像画不错吧，你说呢？这让我想出一首诗：
我没有兄弟姐妹，但是这个人的父亲是我父亲的儿子。"

28. 阿基米德的胜利【中级】

伟大的希腊数学家阿基米德富于想象力地将镜子用于许多创造发明中。根据古代著作,他最杰出的功绩就是在公元前214年罗马舰队围攻西西里岛城市叙拉古时,用镜子将太阳光集中反射到罗马船只上并使其着火。

我们可能永远都无法得知阿基米德是否成功地用镜子保卫叙拉古免受侵略。仔细想想,他有可能办到这件事吗?

29. 轮子【高级】

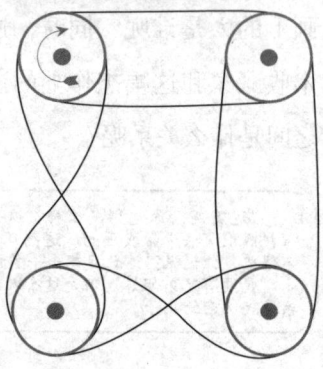

这组轮子通过驱动带连在一起。如果左上角的轮子顺时针方向旋转,所有的轮子都能自由转动吗?

30. 抓强盗【高级】

从前，有个十分聪明的孩子叫柯南。一次，他和父亲出门，住在一家旅店里。到了半夜的时候，有一个强盗手持钢刀闯进了他们的房间，并用刀逼迫柯南和他的父亲交出财物，否则就要对他们行凶。这时，打更的梆子声由远而近地传来，心虚的强盗就催促假装在找东西的柯南赶快交出财物。可柯南却告诉强盗，如果着急的话就必须允许自己点亮灯盏来找。于是，就在打更的梆子声在房间的门外响起的时候，柯南点亮了灯盏，并把父亲藏在枕头下面的钱交给了强盗。可就在这个时候，门外的更夫却突然大声地发出了"抓强盗"的喊叫声，很快，人们就冲进了房间，抓住了还来不及跑掉的强盗。你能想到柯南是怎样为走在门外的更夫做出屋里有强盗的暗示的吗？

31. 寻找凶器【高级】

在女子大学体育馆的浴室里，一女大学生被害，全身一丝不挂，好像是被细绳一类的东西勒死的。然而，现场只有一条毛巾，没有发现绳子一类的东西。案发时，还有另一名女生一同在浴室洗澡，故她被视为嫌疑人。然而，这名女生是光着身子从浴室跑出来的，当时在门外的同班同学可以证明。刑警在现场没有发现可能用作凶器的绳子，觉得不可思议。无意中，他注意到了什么，"原来如此。"刑警马上找到了凶器。你知道凶器在哪儿吗？

答 案

1.
如果真是歹徒抢钱，是不会把钱一捆一捆地拿出来，给出纳员留下一个空包的。

2.
波特平静地说："球星中有英国人、德国人、巴西人、意大利人，怎么都用英文签名呢？"

3.
凶手不是弟弟。AB型和O型血液的人结婚，子女不会有AB型血。

4.
谎言再圆满也会有疏漏，通过严密推理，人们可以看穿诸多骗局，老罗的谎言也不例外。一个人的当天都不可能安排得这么满满当当，何况两星期后的事。最重要的是，通常人们是不会提前那么多天就预订好葬礼日期的。

5.
探长的伤口在左侧太阳穴。

6.
一个右手不能动弹的人是不会把东西放在右边的兜里面的，除非是有人给他放进去的。

7.
罪犯是实习医生。被盗的药瓶写有海洛因化学式的标签。一看到这个化学式就知道它是海洛因的人，只能是实习医生。

8.

经过几年，红枣早该霉烂。新红枣显然是邻居换进去的。

9.

青年声称他昨天刚刚刮去长了几个月的络腮胡子，但他面孔黝黑、下巴呈古铜色。如果他真的在阳光下待了数月而未刮胡子，那长胡子的地方就应显得白净些。

10.

华盛顿用双手分别蒙住马的眼睛，问盗马贼："你说这马是你的，那你说这匹马哪只眼睛是瞎的？"盗马贼愣住了，他可没有注意马的眼睛呀，他只好瞎猜："是左眼。"华盛顿马上放开左手，马的左眼亮闪闪的，一点也不瞎。盗马贼一看，马上改口说："我记错了，是右眼。"华盛顿又把右手放开，马的右眼同样也是亮闪闪的，根本也不瞎。盗马贼无话可说了，只得低头认罪。

11.

在石头前挖个大坑，把石头埋起来就可以啦。谁说一定要把它搬到不挡道的地方，埋起来不是一样可以不挡道吗？

12.

舒克用幻灯机里的强光把"违法建筑"四个字从自己家中打到隔壁家的木板上，这么一来，只要这个木板不拿走，不管是用擦，或者是覆盖，或者挖掉，都不会让这四个字消失。

13.

霍普走私的正是他每月定期开过海关的高级轿车，而他的那3个神秘的行李箱是迷惑转移海关人员视线的工具。当海关人员为此而头昏脑涨时，也就忽视了走私的轿车，他采用了障眼法。

14.

一般来说，人在划小船的时候，船行驶的方向和划船人的面部方向是相反的。所以向着桥急速划来的那个男人，是背向着桥身的，他不可能看见桥上发生的事情。

15.

伯纳注意到在纪念品中有一件鱼目混珠的物品，即那个企鹅标本，它是罪犯留下的而不是老探险家的，因为企鹅仅生活在南极。

16.

作案时间是2时12分。短针走一刻度相当于长针的12分钟，故当短针正指着某一刻度时，长针必有0分、12分、24分、36分、48分等几个位置。研究两针的位置之后便可得出答案。

17.

小偷可能是店里的售货员，他偷走了钻石，并用钻石划开了玻璃。这样做的目的就是为了转移别人的视线，让人认为是外面的人做的。

18.

亨利是偷表人。因为司机路里并没有把罗蒙德医生的住址写进启事中，启事里只有邮政信箱的号码。如果亨利光看启事的话，他是不可能知道当事人的住址的。

19.

赵三把鸡蛋浸在酸中一段时间，然后，将小钢针慢慢刺入蛋里。这时，蛋壳的石灰质被酸浸解，变得软而略带韧性。钢针刺进时，蛋壳不会爆裂。待钢针完全刺入蛋内，蛋壳便自动封口，再将蛋拿出来，让酸挥发掉，鸡蛋就和平常一样了。

20.

卡尔探长只字未提匿名电

报之事，女管理员却自己先说了出来，可见她偷了画，又拍了电报。

21.

防盗玻璃整体是难以毁坏的，但如果玻璃上有个小小的缺陷，被人用锤在那里一击，防盗玻璃一定会破碎，知道这个破绽的人，只有那个设计制造防盗玻璃柜的人。

22.

他留给后人的是"一无所有"。

23.

旅行包里有1枚5角硬币、39枚1角硬币以及60枚1分硬币。

24.

移动的步骤如下：

从2号移到6号、从1号移到5号、从8号移到2号、从7号移到1号、从4号移到8号、从3号移到7号、从10号移到4号、从9号移到3号、从6号移到10号、从5号移到9号。

25.

这个物体是一个带有凹槽的木制矮圆柱体。

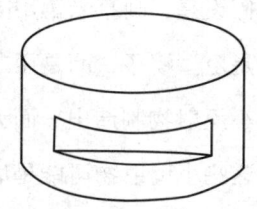

26.

他的生日是12月31日。图中的古特洛克斯先生自言自语的这一天是1月1日。两天前（即12月30日），他是54岁；第二天（即12月31日），他55岁；到新年的年底时，他56岁；那么，明年他就57岁了。

27.

这幅画中的人是买这幅画的先生的儿子。

28.

尽管许多科学家和历史学家都对这个故事着迷，但是他们都判定这是个不可能实现的功绩。不过有几个科学家曾试图证明阿基米德的确能使罗马船舰突然冒出火苗。这些科学家的假设是，阿基米德用的肯定不是巨型镜子，而是用非常多的小反射物制造出一面大镜子，这些小反射物可能是磨得非常光亮的金属片（也许是叙拉古战士的盾牌）。

29.

是的。左下角的轮子将按逆时针方向转动，而其他的轮子都将按顺时针方向旋转。

30.

柯南特意选在更夫走到屋子门外的时候点亮了灯盏，这样一来强盗拿着刀的影子就很清楚地映在了窗户上，这就给更夫提供了一个最好的暗示，使更夫知道屋子里有强盗。

31.

用来勒死死者的凶器，原来是被害人自己头上长长的头发。最初，被害人的头发是一个或两个编在一起的辫子，与死者一道淋浴的凶手，从其身后将长长的辫子绕在她的脖子上，使其窒息而死。